LE CRÉPUSCULE DES INTELLECTUELS

ÉRIC MÉCHOULAN

LE CRÉPUSCULE DES INTELLECTUELS

De la tyrannie de la clarté
au délire d'interprétation

« Nouveaux Essais *Spirale* »
Éditions Nota bene

Les Éditions Nota bene remercient le Conseil des Arts du Canada,
la SODEC et le ministère du Patrimoine du Canada
pour leur soutien financier.

ISBN : 2-89518-202-7

Je crois que, tout comme les adeptes de monsieur Kant reprochent toujours à ses adversaires de ne pas le comprendre, il y a également beaucoup de gens qui croient que monsieur Kant a raison parce qu'ils le comprennent.

Georg Christoph LICHTENBERG

Quel intérêt y a-t-il à étudier la philosophie, si tout ce qu'elle fait pour vous est de vous rendre capable de vous exprimer de façon relativement plausible sur certaines questions de logiques abstruses, etc., et si cela n'améliore pas votre façon de penser sur les questions importantes de la vie de tous les jours, si cela ne vous rend pas plus conscient qu'un quelconque journaliste dans l'utilisation des expressions dangereuses que les gens de cette sorte utilisent pour leurs propres fins ?

Ludwig WITTGENSTEIN

INTRODUCTION,
OU POURQUOI FAIRE SIMPLE
QUAND ON PEUT FAIRE COMPLIQUÉ ?

Ce livre fait partie de ces textes qu'on dit « d'humeur », ce qui signifie en clair « de mauvaise humeur ». Mais je ne voudrais pas qu'il s'y réduise : la mauvaise humeur n'a d'intérêt pour un public qu'au moment où elle permet de remettre en cause certains fonctionnements sociaux ou certaines tournures culturelles. Si elle fleurit dans la seule poussée d'un urticaire personnel, elle n'a rien à faire dans un ouvrage.

L'origine de ma mauvaise humeur se trouve dans un compte-rendu par Louis Cornellier, dans le journal *Le Devoir,* d'un ouvrage de Laurent-Michel Vacher, *Le crépuscule d'une idole. Nietzsche et la pensée fasciste*[1]. Je ne savais pas au départ si le livre de Vacher était vraiment désastreux, mais le compte-rendu de Louis Cornellier sonnait à mes oreilles comme un excellent exemple de l'anti-intellectualisme le plus horripilant, l'anti-intellectualisme savant, par où l'on gagne sur tous les tableaux : dominer, de l'intérieur du cénacle

---

1. Laurent-Michel VACHER, *Le crépuscule d'une idole. Nietzsche et la pensée fasciste,* Montréal, Liber, 2004. Désormais, je mettrai la référence aux pages de cet ouvrage directement dans le corps du texte.

philosophique, le maître-penseur que l'on démolit ; séduire, à l'extérieur, les badauds qui méprisent *a priori* le travail intellectuel (autrement dit, à ce qu'il paraît, la majeure partie des Québécois – mais ce sont les intellectuels qui prétendent cela...). Le compte-rendu étant fort élogieux, on pouvait raisonnablement supposer le pire.

Le pire n'a pas eu lieu, mais l'ouvrage de Vacher n'en est hélas pas très éloigné. C'est d'autant plus dommageable que Louis Cornellier (et j'imagine nombre d'autres adeptes) épousait les propos de Vacher comme s'il s'agissait de ceux d'une idole de la philosophie au Québec : « le plus mordant et le plus talentueux des philosophes québécois », écrivait-il. Or, j'avais en mémoire – restons dans les anecdotes – le propos final de Georges Leroux (autre critique au *Devoir* et professeur de philosophie à l'UQÀM) dans un colloque sur la modernité au Québec qui se tenait en novembre 2003 : il mentionnait le très piètre état de la philosophie québécoise, le manque de réflexions de fond hors des travaux érudits et (trop) spécialisés des universitaires[1]. Il semblait qu'avec ce texte de Laurent-Michel Vacher, justement parce qu'il s'élevait contre une des idoles sacralisée par l'exégèse érudite, et sur laquelle

---

1. Georges LEROUX, « De la résistance au consentement. La philosophie au Québec et les enjeux de la modernité », *Constructions de la modernité au Québec. Actes du colloque international tenu à Montréal les 6, 7 et 8 novembre 2003.* Sous la direction de Ginette Michaud et Élisabeth Nardout-Lafarge, Québec, Lanctôt éditeur, 2004, p. 351-374.

Louis Cornellier, en bon élève, frappait à son tour volontiers, on aurait un excellent exemple de ce que la philosophie québécoise pouvait produire. Malheureusement, on a les disciples qu'on mérite et la philosophie dont on est digne.

Cet ouvrage demandait une réplique (mais une réplique qui dépasse le sujet circonscrit du désaccord), parce qu'il témoigne aujourd'hui d'un danger qui guette les intellectuels : par rapport à qu'on appelle de plus en plus souvent – avec une auto-complaisance que je trouve détestable, nouvel avatar de l'idéologie moribonde du progrès – la *société du savoir,* il faut tâcher de faire comprendre que cette société du savoir est l'opposé de ce qu'on nomme – avec une auto-complaisance encore plus grande, dans la mesure où elle sert la cause et alimente les emplois de ceux qui l'énoncent – la *société de l'information.* On doit, en effet, se battre pour que cette société du savoir soit véritablement une société de la *formation* et pas seulement de l'information.

Aux côtés de ce que j'appellerai le journaliste, qui alloue à chacun sa dose d'information quotidienne, devrait se trouver l'intellectuel, qui propose une autre drogue : la réflexion. Le premier cherche l'économie et la rapidité, il a besoin de simplifier (les gros titres ne sont pas une forme typographique banalement nécessaire des journaux, ils révèlent le caractère fondamental du journalisme ; de même que le terme de « presse », emprunté à l'imprimerie, désigne parfaitement l'avidité temporelle dont il fait preuve) ; le second fait dans les nuances et la complexité, il a besoin de prendre son temps (jusqu'à paraître inutile pour qui cherche des gains rapides).

Contrairement à ce que l'on pense ordinairement, le journalisme ne s'occupe pas des événements, mais de la *nouveauté* (quand bien même cela conduit à octroyer à la mélodie de ce qui revient avec une banalité écœurante les *staccatos* pompiers d'une fanfare afin de mieux faire croire que l'on va apprendre quelque chose de neuf, d'inouï, d'inédit : il n'est que d'entendre le ramdam rythmé qui sert de générique à tous les journaux télévisés pour en réaliser le caractère de flonflon militaire qui nous met à un garde-à-vous mental, prêts à ingurgiter les commandements de l'actualité, comme jadis le tambour sur la place du village, annonçait – dans ce que les historiens de l'Ancien Régime appellent justement « les cérémonies de l'information » – la publication d'une loi nouvelle). À l'inverse, les intellectuels cherchent à prendre en compte les dimensions variables, à peine visibles ou audibles, d'un événement ; ils tentent aussi d'en saisir les enchaînements, d'en suivre les subtils *legatos,* et non de le couper en fragments de trois minutes ou de 1 500 signes.

Le principe d'une nouveauté, au-delà de son caractère spectaculaire, est d'être vérifiable, d'où l'importance des témoins qui sont incapables de comprendre ce qu'ils ont vu, mais qui servent seulement à en authentifier l'advenue ; alors que l'événement fait autorité et doit être entendu, car le propre d'un événement est de signifier (quand bien même cette signification peut faire l'objet de débats et d'analyses). C'est en quoi l'univers de l'intellectuel est celui de la virtualité du sens, alors que le monde du journaliste est celui de l'actualité des faits divers.

Les deux sont aujourd'hui nécessaires, mais la puissance toujours accrue du système de l'information est en train de faire passer l'intellectuel pour un simple expert que l'on convoque de temps à autre afin de donner une tournure d'autorité aux nouveautés banales des comptes-rendus – ce qui permet ensuite de l'ignorer soigneusement, quand ce n'est pas de le mépriser pour sa prétention à savoir (la lettre que j'ai écrite au *Devoir*, pour critiquer ce compte-rendu et ses implications, n'a, bien entendu, pas été publiée : on veut des experts pour qu'ils contribuent aux plus-values de l'information, non pour déconstruire le paisible discours des médias – il faut dire que j'avais intitulée cette critique « Le crépuscule des idiots », ce qui n'a pas dû aider mon cas aux yeux de nos chers journalistes). En fait, l'expert n'est convoqué que pour ajouter quelques informations supplémentaires et introduire un changement de visage et de tonalité dans le spectacle quotidien de la presse ; il n'est pas présent pour former un citoyen aux difficultés des situations concrètes sur lesquelles on le fait pérorer.

Quoique l'on puisse sentir dans mon ton l'importance que j'accorde à l'intellectuel (on pourrait d'ailleurs y déceler une triviale défense de mes intérêts : cela ne serait pas faux, mais cette *simplicité* ressortirait justement du journalisme), je ne voudrais surtout pas donner l'impression de mépriser les journalistes. Je prends grand plaisir à lire des journaux dont je suis ensuite incapable de me souvenir et à écouter des nouvelles dont le ressassement quotidien ne parvient pourtant pas à me lasser. Notre univers est fait d'informations : beaucoup d'inutiles, nombre de déplaisantes, mais aussi une multitude d'informations stimulantes – ou, en tous les cas, potentiellement stimulantes : tout dépend de ce que l'on en fait. Autrement dit la question est de savoir si ces informations nous enrichissent d'une connaissance sur le monde et sur nous-même ou si elles nous conditionnent et nous abrutissent, si elles passent dans l'ordre du sens ou si elles disparaissent dans le renouvellement incessant des perceptions de ce qui arrive. Comment donner au spectacle du nouveau l'autorité de l'événement ?

Il ne s'agit pas de vanter la *qualité* nécessaire de l'intellect contre le *quantitatif* étroit du journalisme. Au contraire, quand elles prennent le pli des nouvelles ou de l'actualité, les informations sont en réalité en nombre très restreint. Elles offrent une qualité singulière, celle d'être devenues des « accidents » de la circulation universelle des faits, des pseudo-événements, extraits du gigantesque bruit de fond qui résulte de tout ce que l'on peut savoir sur le monde (bruit de fond si puissant que les experts de la CIA et du FBI ont pu récemment s'en couvrir pour justifier leur incapacité à y reconnaître les signes pourtant déchiffrables de l'attaque sanglante du World Trade Center). L'intellectuel fait, à l'inverse, son miel de cette quantité d'informations ; il est volontiers à l'écoute de ce bruit de fond pour mieux en tirer des éléments de réflexion et des évaluations exemplaires (il semble bien, d'ailleurs, que ce désastre de la CIA et du FBI vient en partie du remplacement, dans les années 1980-1990, des analystes, souvent intellectuels et universitaires, par des trieurs d'information qui appliquent les techniques sommaires des agences de presse).

Si l'on voulait élire un de nos sens comme caractéristique, il faudrait dire que le journaliste regarde et que l'intellectuel entend (ce qui n'est jamais que retrouver l'enracinement commun de l'écoute et de la compréhension dans l'*entende-ment*). Le problème est que le regard journalistique est extraordinairement redondant et que, sous la figure de l'extraordinaire, se glisse sans cesse la banalité du spectacle : guerres, catastrophes ou victoires, ce sont toujours les mêmes aventures, comme s'il avait fallu passer du conte que nos parents nous racontaient le soir pour nous endormir et dont nous réclamions la réitération exacte à ces contes modernes que l'on appelle du beau nom d'« actualités » afin que nous puissions dormir du sommeil sans rêves de celui qui se tient au courant. Une des illusions véhiculées par l'idéologie techniciste de la Toile est qu'un nombre presque infini d'informations va pouvoir investir les habitations les plus lointaines : il est vrai qu'elles sont virtuellement disponibles, mais les statistiques montrent qu'il en va de l'information sur le web comme de l'argent dans notre monde, on ne prête qu'aux riches et on ne s'informe qu'auprès des sites que tout le monde va voir. Les accès aux sites de la Toile suivent, pour prendre un langage scientifique, une loi de distribution analogue à la loi de Pareto : un très petit nombre de sites attire la majorité des internautes tandis que l'immense majorité des sites est à peu près désertée. Ce sont toujours les mêmes informations que tout le monde connaît et répète. Alors qu'en se tenant à l'écoute, l'intellectuel est avant tout un *curieux*.

Michel Foucault, que l'on peut tenir pour un de ces personnages curieux de tout, attentif aux bruits, a pourtant affirmé dans un bref article pour un périodique brésilien qu'il se considérait comme un journaliste et que la philosophie était, pour lui, « une espèce de journalisme radical » (il prétendait même, soit dit en passant, que « le premier philosophe-journaliste a[vait] été Nietzsche[1] » !). Mais l'inflation de l'information ne débouche sur aucune radicalité autre que celle issue du ressassement. Ce qui aiguise la sensibilité de Michel Foucault dans ce qu'il appelle « journalisme », c'est la vertu du présent, la puissance de l'actuel, le vertige de l'aujourd'hui. Ses investigations historiques, même les plus lointaines, sont tournées (comme pour tout bon historien et tout vrai philosophe) vers l'entendement de ce qui se passe dans nos propres sociétés. En ce sens, l'intellectuel peut bien n'être qu'un cas particulier du journalisme, sa radicalité

---

1. Michel FOUCAULT, « Le monde est un grand asile » (1973), repris dans *Dits et écrits II. 1970-1975*. Édition préparée par Daniel Defert et François Ewald, Paris, Gallimard, 1994, p. 434.

tient à ce qu'il ne se contente pas de l'endormisse-
ment des nouvelles, mais qu'il les met à distance
pour mieux s'en imprégner, peut-être pour mieux
les rêver. Il ne consent pas béatement au quotidien
sans cesse renouvelé à l'identique ; il cherche la
singularité étonnante qui fait de ce moment du
temps justement celui-là et pas un autre. Sous la
répétition ininterrompue des présents, il guette ce
qui en fait un aujourd'hui et non une réitération
d'hier et d'avant-hier.

Le système de l'information a beau être ouvert
sur le monde et ses innombrables aventures, il ne
s'occupe que du plus proche même quand il traite
du très lointain[1]. Le direct et la proximité sont les
lois du journalisme. Dans l'univers médiatique
contemporain que Marshall McLuhan appelle
« village global », le mot clef est *village,* même si le
journalisme aujourd'hui n'atteint que rarement les
profondeurs pétillantes des potins et des commé-
rages. À l'inverse, l'intellectuel donne à ce qui est
proche l'éloignement de la réflexion, c'est lui qui
s'occupe vraiment des surprises que recèle le
monde, car autour de chaque événement il guette
la puissance d'étonnement qui l'auréole.

---

1. Ce proche est aussi pris dans des enjeux avidement
politiques, comme en témoigne, par exemple, cette déclaration
de D. Rothkopf : « Pour les États-Unis, l'objectif central d'une
politique étrangère de l'ère de l'information doit être de gagner
la bataille des flux de l'information mondiale, en dominant les
ondes, tout comme la Grande-Bretagne régnait autrefois sur les
mers », cité par Herbert SCHILLER, « Vers un nouveau siècle
d'impérialisme américain », *Le Monde diplomatique,* août 1998.

Je précise que journaliste ou intellectuel renvoient ici à des fonctions sociales, non à des appartenances de groupe ou à des métiers précis : dans la profession de journaliste, on peut assurément faire œuvre d'intellectuel (pour rester dans *Le Devoir*, je me souviens des chroniques savoureuses de Robert Saletti sur le football qui témoignaient non seulement d'une vraie culture, mais aussi d'une intelligence et d'une sensibilité aux phénomènes de l'existence ; de même certaines chroniques de Gil Courtemanche montrent une judicieuse mise à distance de l'information pour qu'elle devienne événement : il faut dire qu'en l'occurrence cette distance peut porter le beau nom d'*écriture,* au point que, bien souvent, de tels exercices intellectuels doivent élire une autre forme de publication que celle du journal comme dans *Un dimanche à la piscine à Kigali* ou comme dans le remarquable « reportage » de Jean Hatzfeld, lui aussi sur le génocide au Rwanda, *Dans le nu de la vie*) et, réciproquement, un intellectuel peut discourir comme un journaliste – même dans le cadre de fonctions universitaires, où l'on découvre que l'on peut avoir un statut de professeur et ne pas être (toujours) un intellectuel. Disons-le de manière compliquée (trop compliquée) : le journalisme ne s'oppose pas à l'intellect comme le sensible s'oppose à l'intelligible, le journaliste replie l'intelligible sur le sensible alors que l'intellectuel déplie le sensible dans l'intelligible. Redisons-le de manière simple (trop simple) : pour le journaliste, tout est simple ; pour l'intellectuel, tout est complexe.

Or, personne ne stimule mieux l'anti-intellectualisme qu'un intellectuel. Il est bien placé pour désigner les bêtises si intelligemment conçues, les erreurs si savamment fabriquées, les vaines idioties de systèmes trop complexes. C'est une chasse gardée que l'anti-intellectualisme : on croit y trouver paysans pantois, petits-bourgeois frileux, sportifs de télévision, mécaniciens de la politique, mais en fait ce sont encore les intellectuels qui en arpentent avec le plus d'énergie et de raffinement les territoires. On dira que cela fait partie de leur sens critique particulièrement développé. On pourra même dire qu'ils connaissent de l'intérieur ces paysages conceptuels et que cela leur assure une position privilégiée. Mais l'essentiel est ailleurs : il y a du chasseur dans l'intellectuel – certes un chasseur gentillet, qui évite généralement le corps à corps et le gros gibier (encore qu'il y eut un temps où la résistance civile et l'affrontement avec l'État connurent leurs heures de gloire personnelle), mettons un chasseur de papillons, ces billets dépliés qui cherchent un lecteur. L'intellectuel va les prendre dans son filet d'un coup sec de rhétorique appliquée. Et, de retour chez lui, dans le confort de son bureau bien clos, il pourra épingler le petit papillon d'une œuvre avec la pointe de sa critique, comme tâche de le faire Vacher avec les ouvrages de Nietzsche.

LA FRAGILITÉ DES TEXTES

À l'aurore de l'intellectualisme – si le lecteur veut bien me permettre une petite digression que j'espère instructive –, au moment où commençaient à se vendre des méthodes de discours et des sommes de savoir par quelques étrangers qu'on appelait « sophistes », un certain Platon s'inquiétait de ce qui allait arriver aux ouvrages écrits, aux œuvres figées dans leur rédaction, sans la présence de leur auteur, de leur père, pour les défendre. Qui allait les soutenir contre les méprises, les malentendus, les erreurs d'appréciation, voire les mépris préconçus ? Qui pourrait rétablir le sens originel, l'intention première, la valeur inaperçue ? Qui pourrait éviter les fausses lectures, les critiques tendancieuses, les petites dominations si tentantes pour les esprits faibles ? Dans le dialogue, on peut rectifier, en temps réel dirions-nous aujourd'hui, les légères inattentions ou les énormes contresens. Mais le texte seul demeure muet. Même écrit sous forme de dialogue, il ne dialogue pas. Et toutes les images de la critique littéraire ou philosophique qui s'appuient sur l'idée d'un dialogue fondamental entre le texte et ses lecteurs sont au mieux des illusions, au pire des attrape-nigauds. Les mots sont là, la syntaxe est éloquente : un texte ne parle pas, il est lu. Quelle que soit l'œuvre, elle est essentiellement passive : elle ne dit rien, elle est dite.

L'intellectualisme est-il vraiment une chasse aux idées ou ne suppose-t-il pas plutôt une fascination pour cette *passivité,* pour cette fragilité des textes ? D'un côté, l'intellectuel domine la situation et guette ses proies ; de l'autre, il subit la séduction d'une faiblesse. Certains préféreront, bien sûr, le caractère apparemment plus positif, plus dominateur aussi, du chasseur. D'autant que l'anti-intellectualisme ordinaire méprise justement cette passivité, cette inaction légendaire de l'intellectuel, réfugié dans le ciel des idées et sans prise sur le monde réel. S'il est encore chasseur, il ne poursuit, en une quête proche du délire, que ces fantômes d'action que seraient les idées. Son domaine relèverait de la fantaisie hallucinatoire.

Une tactique intérieure au pays des intellectuels consiste à se chasser alors les uns les autres. Sous prétexte d'idées à traquer, on tire à boulets rouges sur tel philosophe ou sur tel critique, afin de pouvoir récupérer quelque chose de l'essentiel activisme de l'art cynégétique. Safari domestique, certes, avec pour bêtes sauvages des textes abandonnés au gré de leurs lecteurs ; mais on y trouve quand même le plaisir du piège, de la poursuite et de la mise à mort. Dans son fauteuil de cuir ou sur sa chaise ergonomique, l'intellectuel retrouve les vertiges anciens de l'homme face à sa proie : sous le visage bien rasé de l'*homo sapiens sapiens* réapparaît soudain la face prognathe du Cro-Magnon. Il suffit de traverser les mots d'un livre et de glisser sous les textes la silhouette d'un auteur pour que la faiblesse d'un discours écrit puisse atteindre celui qui l'avait donné aux lecteurs.

Cette tactique est fréquente ; elle n'est pas générale. La précarité des idées face aux actions, la fragilité des textes face aux lecteurs, invitent aussi à désirer les protéger, montrer leur valeur, découvrir leur richesse. Il y a un paradoxe perceptible chez Platon, lorsqu'il met en garde contre la faiblesse de l'écrit dénué de protecteur et que, néanmoins, il laisse derrière lui une œuvre abondante. Même s'il met en scène le personnage d'un sage qui n'a jamais rien écrit (ce qui faisait peut-être partie de sa sagesse, ou tout au moins de la fascination qu'il continue à exercer), Platon, quant à lui, s'est bien voué à l'écriture en même temps qu'à l'enseignement oral. Comment comprendre ce statut paradoxal de l'usage de l'écrit ?

On n'y décèle de contradiction majeure que si l'on pense toujours l'auteur comme une unité, comme *un* homme parmi d'autres. Il ne faut pas oublier que Platon n'a pas seulement légué à la postérité des dialogues, il a aussi laissé derrière lui l'Académie. Autrement dit, toute une école où sont transmis, non seulement les textes eux-mêmes, mais aussi la tradition de leur interprétation. D'une génération l'autre, le sens des œuvres est maintenu : chacun en devient le père et le nouveau protecteur. L'auteur est un principe de regroupement des textes, mais il est également celui qui fait autorité pour en recomposer les significations et les enjeux. L'Académie est l'autorité platonicienne par excellence, celle qui défend les justes interprétations de ces textes qui roulent ici et là, dans des contextes imprévisibles, en touchant des lecteurs inconnus. On ne peut dire que Platon ait mal joué, dans la mesure où l'Académie a quand même duré presque un millénaire : quelle institution pourrait aujourd'hui se prévaloir d'une telle durée ?

Fondée vers 385 avant Jésus Christ, c'est en l'année 529 de notre ère que l'empereur Justinien décida de fermer l'Académie. Il n'y avait pas là de refus de la philosophie en général ou du platonisme en particulier, mais rejet d'un certain panhellénisme qui semblait, aux yeux des conseillers de Justinien, nuisible à l'identité romaine et chrétienne[1]. Damascius devint ainsi le dernier diadoque de l'Académie (*diadokhos* voulait dire originellement le « successeur »). Il s'exila à la cour du roi de Perse et passa le reste de son existence à écrire un traité sur les principes premiers. Or, dans ce traité il se posait des problèmes de ce genre :

> Ce que l'on appelle le principe [ou le commencement, *arkhê*] unique du tout est-il au-delà du tout, ou bien est-ce quelque chose qui fait partie du tout, comme le sommet des êtres qui procèdent de lui ? Et le tout, disons-nous qu'il est avec le principe, ou bien qu'il est après lui et procède de lui[2] ?

On peut reconnaître là les problèmes dignement philosophiques de la partie et du tout, de la pensée du commencement de la pensée, de l'exprimable et

---

1. En fait, un premier décret de Justinien excluait hérétiques, juifs et païens de toute charge officielle et de tout enseignement. Un second décret interdisait spécifiquement l'enseignement à ceux qui étaient « malades de la folie des hellènes impies » (*Codex Justinianus,* I, 5, 18, 4 et I, 11, 10, 2).
2. DAMASCIUS, *Traité des premiers principes, I. De l'ineffable et de l'Un.* Texte établi par Leendert Gerrit Westerink et traduit par Joseph Combès, Paris, Les belles lettres, 1986, I, 4-7. Voir aussi Joseph COMBÈS, « Damascius, ou la pensée de l'origine », *Études néoplatoniciennes,* Grenoble, Jérôme Million, 1989, p. 273-293 et Giorgio AGAMBEN, *Idée de la prose.* Traduit par Gérard Macé, Paris, Christian Bourgois, 1988 [1985], p. 11-16.

de l'inexprimable, de l'événement et de la durée ; mais, à un autre niveau, il est aussi possible d'y apercevoir l'ancrage même de l'histoire de l'Académie. En effet, parvenu à la fin de ce long cycle d'interprétations des textes platoniciens, Damascius interroge le statut de cette institution des interprétations et de l'origine d'une œuvre : le commencement de l'œuvre réside-t-il hors de la totalité de ses interprétations successives ou ne figure-t-il que la pointe émergée de tout ce qui s'est dit depuis son abandon originel aux lecteurs successifs ? L'auteur n'est-il que celui qui inaugure la série ou ne prend-il pas le visage variable et provisoire de tous ceux qui lui ont porté assistance ?

Damascius connut des moments de découragement intense qui ne se traduisait pas par hasard dans des réflexions sur le destin des textes. Mais il trouva finalement une certaine solution, ou à tout le moins un champ d'expérience exemplaire qui pouvait servir à comprendre ces apories du tout et du commencement : l'expérience matérielle de l'écriture elle-même, puisque la pensée en puissance, donc aussi la puissance de la pensée, ressemblait à une tablette sur laquelle le scribe n'avait encore rien tracé. Tous les mots que Damascius avait accumulés dans ses recherches sur les principes premiers trouvaient leur foyer muet dans une fragile et silencieuse tablette.

On pourrait voir dans cette anecdote l'image des fantaisies inutiles d'un vieil homme et le signe de l'inanité profonde de telles réflexions sur le compréhensible et l'incompréhensible. Mais que la

matérialité de l'écriture vienne qualifier *l'imma-
térialité de la pensée* n'est pas si anodin que cela.
Même dans ce contexte platonicien qui ne brille pas
par une prise en compte pointilleuse du monde
empirique (à la différence des aristotéliciens ou des
épicuriens), cela indique que la coupure entre la
production des idées et leurs formes matérielles de
publication n'est pas aussi effective qu'on le croit.
Porter assistance aux textes dans la succession des
temps implique bien que la communication des
pensées prenne en compte la dimension empirique
des textes. *Il est beau de désirer transmettre les
vérités d'un écrit, encore faut-il faire attention à la
vérité de ces transmissions.*

En ce sens, la tâche de l'intellectuel consiste
bien à se porter à la défense de ces orphelins que
sont toujours les écrits et à en faire reconnaître et
circuler les valeurs. L'anti-intellectualisme commence avec la chasse, qu'il vienne de l'extérieur ou
de l'intérieur du monde intellectuel. Il s'agit alors de
capture et de domination, là où l'intelligence des
textes cherche surtout la protection et la liberté.

Pourtant, que peut vouloir dire protéger un
texte ou en libérer la puissance ? Pour répondre à
cette question, le mieux est de considérer un exemple, et même un exemple inverse : un cas de tra-
quenard intellectuel, l'occurrence d'une chasse au
sorcier, le déboulonnage d'un auteur. On y appren-
dra comment un exercice intellectuel peut rapidement impliquer toute une méthodologie de l'anti-
intellectualisme.

C'est en cela que l'ouvrage de Laurent-Michel Vacher peut s'avérer utile, à la condition de ne pas entrer dans de vaines polémiques (je ne rechignerai pas' pour autant à dire clairement ce qui me semble aberrant) et de chercher à chaque fois les problèmes de méthode sous les affirmations péremptoires ou sous les types de question. Bien sûr, je fais partie de ces intellectuels qui reconnaîtraient sans peine le « patronage de Nietzsche » (p. 10). Il a joué un rôle important dans ma formation intellectuelle et, sans être un spécialiste de son œuvre, il m'est arrivé d'y découvrir des réflexions stimulantes et un style de pensée que j'appréciais (même si je me sens plus à l'aise avec des philosophes moins marteleurs). En ce sens, Laurent-Michel Vacher pourra toujours se dire et prétendre que j'agis, d'un côté, par ressentiment, de l'autre, par désir de sauver mon idole. Ce serait une mauvaise lecture. Je ne chercherai pas à défendre spécifiquement Nietzsche de ses attaques[1]. Démonter certains pièges éventuels de la philosophie nietzschéenne est tout à fait louable, la question n'est pas là pour moi : tout est dans la *manière* – problème de style et de méthode, donc à mes yeux problème de philosophie ou, plus généralement, de position intellectuelle.

---

1. De nombreux auteurs, depuis presque un siècle, ont tâché de montrer que la pensée de Nietzsche ne pouvait entrer dans la catégorie de « fasciste ». Il y a eu une réplique de ce type faite nommément au livre de Vacher : Jean-Pierre LORANGE, « Nietzsche, fasciste ? », *L'inconvénient,* n° 17, mai 2004, p. 73-95.

CRITIQUE DE NIETZSCHE,
CRITIQUE DE L'INTERPRÉTATION

En quoi consiste donc cet ouvrage de Laurent-Michel Vacher ? Sa thèse est claire : « la plupart des théories philosophiques de Nietzsche pourrait se comprendre assez naturellement comme des développements, des compléments, des soutiens, des justifications ou des conséquences *philosophiques* de certaines convictions idéologiques centrales et foncières » (p. 13-14). Quelles convictions idéologiques ? celles qui le conduisent à être un « fasciste *de la plume* – littéraire, visionnaire et philosophique plutôt que véritablement politique » (p. 14). Dans la mesure où Nietzsche ne s'est, en effet, jamais engagé dans un mouvement politique quel qu'il soit, si l'on tient à apercevoir son idéologie fasciste, il faut bien la trouver ailleurs. Cette thèse n'est pas très nouvelle (Vacher l'avoue sans peine) et elle a été souvent contredite par de nombreux commentateurs (Vacher ne daigne pourtant pas prendre la peine de montrer leurs erreurs), au point que quelques-unes de ses interventions publiques générèrent, reconnaît-il, « une levée de boucliers, un chapelet d'accusations d'anti-intellectualisme » (p. 21). Cela n'empêche pas de retourner, selon un schéma classique de la rhétorique, l'accusation sur Nietzsche lui-même qui aurait eu le « culte du génie mais tendance à l'anti-intellectualisme » (p. 68)...

Pourquoi la dénonciation chez Nietzsche d'une pensée fasciste devrait-elle déboucher sur une accusation d'anti-intellectualisme ? C'est que le propos de Vacher est plus large et, donc, beaucoup plus intéressant qu'un cas somme toute ponctuel de critique d'une pensée (malgré l'énorme influence de Nietzsche sur maints philosophes contemporains) :

> mes motivations relèvent en partie de tout un aspect de ma critique pédagogique de l'« histoire de la philosophie » en tant qu'entreprise débridée et irresponsable de délire interprétatif : on pourrait croire parfois que toute l'exégèse de l'« histoire de la philosophie » n'est secrètement qu'une machination destinée non seulement à nous donner l'illusion de comprendre ce que les philosophes ont écrit d'incompréhensible, mais également à nous empêcher de comprendre ce qu'ils ont écrit de plus clair (p. 22).

Ce n'est donc pas simplement Nietzsche qui est épinglé, mais la constitution méthodologique du discours philosophique contemporain. En un élégant paradoxe (si Laurent-Michel Vacher me permet de louer provisoirement son style), la fausse subtilité qui donnerait accès aux textes obscurs opérerait d'autant mieux qu'elle rendrait opaque ce qui est écrit clairement.

Là encore, il faut bien mesurer la portée de cette remarque : nous n'avons pas affaire, comme nous y sommes habitués, à un habituel conflit des interprétations (pro-nietzschéens contre critiques du nietzschéisme), mais à une *critique du principe d'interprétation*. Relire l'« histoire de la philosophie » (avec ces guillemets qui semblent suggérer qu'on ne peut la prendre qu'avec des pincettes et un soupçon de dégoût) sous l'angle du *délire d'interprétation* permet de remettre radicalement en cause le fonctionnement général de ce type de discours. Dans la mesure où la philosophie s'est constituée dans les temps modernes, d'abord comme histoire de la philosophie, ensuite comme technique des interprétations (du sujet, du monde, de l'histoire, etc.), cette critique touche le cœur même de cette « sous-culture intellectuelle très particulière que constitue le champ philosophique » (p. 9). En ce sens, la provocation manifeste qui consiste à lire au fond de la pensée nietzschéenne une idéologie fasciste en cache une autre, plus radicale encore, qui encourage à faire de la philosophie autre chose qu'une affaire d'interprétation (hélas Laurent-Michel Vacher n'en dit pas plus sur ce sujet, je tâcherai donc d'y suppléer).

Avant d'en venir à la question cruciale de la méthode, il faut en premier lieu « tester » sur le cas de Nietzsche le bien-fondé de cette remise en cause de l'interprétation philosophique. Nous aurons ensuite le temps de vérifier ce que l'on peut penser du délire d'interprétation. Ce que je propose donc est un parcours un peu compliqué (en tant qu'intellectuel, on ne se refait pas) : un examen en deux temps de la méthode d'analyse de Vacher, suivi de quatre chapitres qui en soulignent les dimensions, à mes yeux, manquantes (la constitution du discours historique sur la pensée fasciste, les notions de vie et de primat de la force qui permettent de typifier le fascisme, la question du style en philosophie, le rapport entre histoire de la philosophie et histoire intellectuelle), puis d'un chapitre sur la

27

question de l'interprétation où je tente de prendre au pied de la lettre les implications d'une critique radicale de l'herméneutique ainsi que la suggère Laurent-Michel Vacher, et, enfin, d'un chapitre où, puisqu'il s'agit de valoriser la clarté, je prends le cas exemplaire de Descartes (ce qui m'évite justement d'avoir à polémiquer sur Nietzsche).

Cet essai a aussi une vocation digressive, je ne m'en priverai pas à l'occasion, en espérant que le lecteur acceptera de me suivre dans mes méandres – ils sont souvent plus révélateurs que la (pseudo) ligne droite de l'information.

DE L'OBSCURITÉ EN PHILOSOPHIE :
LE CAS NIETZSCHE

NIETZSCHE ET LA PENSÉE FASCISTE

La méthode adoptée par Laurent-Michel Vacher a le mérite de la clarté, peut-être même de la simplicité. Il s'agit, d'abord, d'établir « une liste aussi claire et complète que possible des principales positions, thèses, valeurs, idées, opinions, etc., représentatives et constitutives de ce que j'appellerai la "conception fasciste du monde" ou la "mentalité fascisante" » (p. 11). Une fois cette liste bien dressée, il suffit d'« exhiber suffisamment de preuves textuelles du fait que non seulement Nietzsche partageait la majorité de ces opinions, valeurs, etc., voire toutes, et ce en les examinant séparément, une à une, mais aussi de ce qu'elles occupent une place suffisamment centrale et essentielle dans sa pensée » (p. 12). En mettant ainsi côte à côte les caractéristiques de la pensée fasciste et les citations des textes nietzschéens, on pourrait mieux en mesurer la congruence profonde. Ou, comme le résume Vacher, « regardez bien, à votre gauche, voici le portrait-robot de la pensée fasciste ; à votre droite, voilà ce que dit Nietzsche lui-même sur des thèmes analogues » (p. 37). La méthode proposée ne laisse pas le lecteur comme extérieur au texte, au contraire, elle l'invite à contempler sérieusement ce qui est dessiné par le parallèle et à comparer du regard : sont-ce bien les mêmes mots utilisés, les mêmes opinions ressassées, les mêmes idées exploitées ?

On pourrait s'inquiéter du vocabulaire de cette méthode : « portrait-robot », « preuves textuelles » semblent nous embarquer dans une police de la pensée où comptent surtout les témoignages oculaires et non les processus de compréhension. Laurent-Michel Vacher ne cherche pas ici ce que dit la philosophie nietzschéenne, mais seulement si elle parle un langage identique au portrait-robot du fascisme.

Cependant, l'enjeu n'est pas, pour autant, de laisser le lecteur aller trop librement dans l'œuvre de Nietzsche comme un jeune garçon en quête d'expériences grivoises. Laurent-Michel Vacher se méfie, à juste titre, de la « lecture directe, spontanée, libre » (p. 37) qui reproduit, bien souvent, des effets idéologiques inaperçus ou incontrôlés. Le soupçon jeté sur les interprétations ne conduit pas automatiquement à la recherche d'une lecture immédiate et naïve. La compréhension, même dans la fraîcheur de la naïveté, est toujours faussée par les préjugés, surtout pour quelqu'un comme Nietzsche :

> la compréhension d'une œuvre comme la sienne, d'avance idolâtrée et célébrée, mais aussi remplie de pièges, se transforme avec une mystifiante facilité en une variété de test projectif où fait défaut la plus élémentaire rigueur (p. 37).

Il faut donc faire attention à ce que le délire de l'œuvre et les interprétations délirantes de ses adorateurs ne touchent même le lecteur naïf. La « confrontation » (p. 37) soigneusement mise en scène du portrait-robot et des citations de Nietzsche a justement pour objet d'éviter ces problèmes. Si le visage de Nietzsche ressemble bien à ce portrait-robot, on enferme alors l'accusé, au pire, dans la prison des assassins de la pensée, au mieux, dans l'asile des philosophes délirants.

Un des problèmes repose alors, d'une part, sur la constitution du portrait-robot, d'autre part, sur les témoignages qui sont censés y correspondre. La réponse, là encore, est simple. Pour le portrait-robot, construisons à partir du travail des historiens et des politologues un « idéal-type » du fascisme. Pour les témoignages, cherchons les citations de Nietzsche qui s'en approcheraient. Cependant, la clarté oblige quand même à des raccourcis dont on peut, dont on doit (si l'on tient à ce minimum de rigueur que réclame Laurent-Michel Vacher) questionner la légitimité.

D'abord, il n'est pas évident du tout qu'il y ait de véritable consensus des spécialistes sur la « pensée fasciste » et l'affirmation péremptoire, voire gentiment négligente, qui consiste à dire que « même s'il y a sans doute quelques points contestés, on peut dire heureusement que le travail, pour l'essentiel, est déjà fait » (p. 11), apparaît éminemment contestable (j'y reviendrai).

Ensuite, le fait de laisser de côté le statut exact du « noyau » de cette référence au fascisme :

« doctrine, opinion, vision du monde, tempérament [...], mentalité, idéologie, ethos, paradigme, "attitude" » (p. 12) étonne quand même l'amateur de clarté et de précision. Au nom de quoi juger qu'il n'y a pas grande importance à décider du niveau même de l'enquête ? Une doctrine est détectée dans des textes programmatiques, un *ethos* dans la construction sociale d'un sujet, un tempérament dans des attitudes psychologiques, un paradigme dans des textes théoriques, quant à l'opinion, la vision du monde, l'idéologie ou la mentalité, les débats vont encore bon train pour savoir ce qui en constitue des repères fiables. Il est d'ailleurs curieux, et sans doute significatif, que le terme retenu en sous-titre n'apparaisse pas dans cette énumération des variations possibles : « la pensée fasciste ». Existe-t-il une « pensée » fasciste ? Existe-t-il *une* pensée fasciste ? Sur ces points apparemment jugés comme anodins par l'auteur, nous n'aurons hélas aucune précision claire.

Bien entendu, il est plus facile de confronter la pensée d'un philosophe avec une autre pensée (même si elle ne provient pas d'une seule personne) que de comparer, d'un côté, la pensée organisée d'un auteur en fonction d'une certaine histoire et d'une certaine institution des discours que l'on appelle philosophiques et, d'autre part, une « opinion » ou une « mentalité ». Or, la validité du portrait-robot doit non seulement refléter fidèlement la « "conception fasciste du monde" ou la "mentalité fasciste" » (p. 11), mais encore doit pouvoir être comparable (donc commensurable) avec la pensée d'un philosophe. Le plus *simple* (mais pas forcément le plus clair) est alors de faire comme si mentalité, opinion ou vision du monde renvoyaient au même objet que « pensée ».

Pourtant, dans la tradition philosophique autant que dans l'opinion courante, il semble qu'un philosophe soit censé s'occuper justement de penser et de chercher ce que c'est que penser. Si, désormais, penser veut dire *grosso modo* la même chose qu'avoir des opinions, partager une vision du monde ou être enrôlé dans une idéologie, on se dit qu'il est bien inutile de payer des professeurs de philosophie pour enseigner à nos enfants ce qu'ils n'ont que trop tendance à propager par eux-mêmes. On dirait que la perspective, hélas prévalente chez les jeunes collégiens ou étudiants d'aujourd'hui, qui consiste à croire que la compréhension d'un texte consiste simplement à donner son opinion personnelle sur cette œuvre, trouve ici une argumentation apparemment plus rigoureuse, mais d'autant plus dangereuse qu'elle est assenée avec l'autorité du professeur doublée de celle du démystificateur (cela permet de gagner sur tous les tableaux).

Peut-être n'est-ce, pourtant, que le cas particulier de Nietzsche qui est en jeu : le pauvre homme penserait si peu et si mal qu'il se situerait à ce faible niveau où pensée peut équivaloir à opinion ou idéologie. Les vrais philosophes, comme Laurent-Michel Vacher, savent se distinguer de cette vulgarité des mentalités, afin de mieux repérer les constitutions idéologiques de ces penseurs fascistes. La philosophie serait ainsi sauvée (et avec elle l'emploi de Vacher... et le mien). Cela dit, il y a là comme un cercle vicieux : pour montrer la pensée fasciste de Nietzsche, exhibons l'idéologie fasciste, déclarons que la pensée nietzschéenne ne dépasse pas ce niveau idéologique et comparons directement des résumés de fascisme avec des citations hors contexte du philosophe. Il faut donc d'abord supposer que Nietzsche n'est qu'un faible penseur, proche du délire idéologique, pour arriver à la conclusion qu'il délire en effet en prêchant une doctrine fasciste. En fait, la démonstration, avec sa mise en scène binaire, tourne en rond.

Mais le problème ne s'arrête pas là : Nietzsche ne serait pas simplement dangereux parce qu'il disséminerait une pensée fasciste, il aurait aussi le tort d'avoir fait beaucoup d'effet, d'avoir eu une énorme influence sur de très nombreux philosophes contemporains (même les moins suspects de fascisme). Comment ce penseur si platement idéologique a-t-il pu convaincre tant de personnes qu'on peut supposer intelligentes et, pour la plupart, résolument anti-fascistes ? Ce serait un mystère insoluble si l'on ne pouvait l'éclaircir par une notion redoutable : le *style*.

LES PIÈGES DU STYLE PHILOSOPHIQUE
DE NIETZSCHE

Pour Laurent-Michel Vacher, les fanatiques de Nietzsche se sont mépris profondément sur cet « esprit d'orientation fascisante » dans la mesure où ils sont tombés

dans le piège de lectures tendancieuses ou trop
subtiles, voyant des idées sublimes et insondables là où il n'y avait en réalité que des opinions
relativement prosaïques et banales, simplement
enrobées dans une extraordinaire prose idéaliste
et « philosophique », d'allure aussi grandiose
qu'imprécise (p. 15-16).

Ce qui fait donc passer les opinions banales et les
présupposés idéologiques douteux pour de grandes
et profondes idées, bien dignes d'un philosophe, ce
serait le caractère grandiose du style. Les adorateurs
de Nietzsche auraient pris l'extraordinaire hauteur
de sa prose pour la garantie du caractère sublime
de ses idées : erreur banale où se confondent
contenant et contenu, style et signification, jetant
ainsi un trouble déplorable sur le véritable discours
philosophique.

Plus encore, deux défauts supplémentaires surgissent aux yeux de Laurent-Michel Vacher :
d'abord, cette fausse grandeur de l'écriture produit
une fatale imprécision du discours, car en forçant
les traits, la vérité des choses du monde n'apparaît
plus ; ensuite, ce discours imprécis génère une illusion de propos philosophique (d'où les guillemets
que Laurent-Michel Vacher ajoute au terme, afin de
bien montrer, dans la typographie même, qu'il faut
prendre cette prose avec des pincettes).

Il est intéressant de voir la dévalorisation du
style se conjuguer à la dépréciation de l'idéalisme
(au rebours de la position « philosophique » qu'on
alloue généralement à Nietzsche, puisque celui-ci a
largement critiqué l'héritage idéaliste de Platon à

Hegel et a tenté le plus souvent de trouver des références bien matérielles pour expliquer la production des illusions « philosophiques »). S'il en va de la sorte, c'est que l'idéalisme n'a pas vraiment bonne presse aujourd'hui – tout au moins dans l'opinion générale qui n'y voie guère que le synonyme du songe-creux et de l'irréaliste. On plaque ainsi sur l'idéalisme philosophique les avanies du chimérique et les tours de passe-passe de l'idéalisation.

C'est à tout le moins une manière rapide, voire expéditive, de jouer sur le double sens d'un mot pour disqualifier un auteur. Double sens en fonction de deux publics, de deux institutions de discours. Le terme d'idéalisme recouvre, dans le discours philosophique, un type de conception par où la réalité première est la pensée, que ce soit le monde intelligible des essences ou des Idées chez Platon ou la *res cogitans* chez Descartes. Il est bien entendu possible de critiquer ces conceptions, mais elles ont leur logique propre et elles ne peuvent être repliées sur la simple disqualification populaire du rêveur qui ne tient aucun compte des réalités quotidiennes. En jouant de cet épithète « prose idéaliste », Laurent-Michel Vacher mélange soigneusement des références différentes : le terme est à la fois terriblement précis (la prose de Nietzsche n'est qu'un embellissement nuisible à l'appréhension réaliste des phénomènes) et fondamentalement imprécis (puisqu'il renvoie en même temps à la sous-culture intellectuelle de la philosophie et au discours de monsieur tout-le-monde). Peut-on dire, pour autant, que Laurent-Michel Vacher *enrobe* ses analyses tendancieuses dans l'extraordinaire subtilité de sa prose ? Ce serait excessif, car sa prose n'est pas très subtile, comme on peut s'en apercevoir. Mais sa rapidité lui permet au moins de faire passer quelques vessies pour des lanternes afin de donner une impression de clarté.

Il ne faudrait pas croire que je titille ainsi sur deux, trois mots, afin de montrer ma propre subtilité, témoignant par là de la légendaire propension des intellectuels à couper en quatre les cheveux de la prose ordinaire. Mes lecteurs doivent accepter un principe du monde intellectuel : c'est un univers de la lenteur. À l'opposé du propos journalistique où les réponses devraient en général arriver avant même les questions (ce qui n'est pas vraiment problématique, puisque les questions d'aujourd'hui sont identiques à celles d'hier), les problèmes que se posent les intellectuels valent d'abord comme problèmes. Il vaut mieux y pécher par excessive subtilité que par insondable naïveté ou par désir de résultats instantanés. Que les personnes soucieuses du marché de l'information y voient une perte de temps est légitime. Mais à un certain degré de ralentissement, le langage devient tout ensemble porteur d'émancipation et d'ouverture au monde, en quoi il se distingue des résultats recherchés par l'information qui entend au contraire fermer toutes les portes afin de laisser palpiter au-dedans quelques transparentes significations (je dis cela aussi pour nos dirigeants politiques au cas où ils gaspilleraient leurs précieuses heures à lire ceci – ce qui m'étonnerait).

Il est souvent très utile pour la vie de couper au plus court et d'agir en fonction de paramètres donnés rapidement. Cependant, il est essentiel de ne pas confondre les genres et soumettre la vie intellectuelle aux préjugés de l'information – et réciproquement, ne pas attendre de l'information plus que ce qu'elle peut donner. La lenteur n'oblige pas à faire un sort à chaque mot et à rédiger mille pages sur une question banale (quoi que cela puisse être enrichissant et instructif) ; elle permet de prêter attention à des phénomènes que nous ignorons généralement ; elle en sélectionne certains qui peuvent passer pour représentatifs et en cherche la logique immanente. À l'inverse, l'enquête que propose Laurent-Michel Vacher cherche, dans la rapidité de la juxtaposition, l'éclair qui permettrait de voir le fascisme caché de la pensée nietzschéenne.

Cette rapidité est censée éviter deux pièges : du côté des interprètes idolâtres, « le piège de lectures tendancieuses ou trop subtiles » (p. 15) ; du côté de l'idole elle-même, le « piège de son utopisme, de sa passion, de ses ambiguïtés et, surtout, de son remarquable talent littéraire et philosophique » (p. 16). Donc, lectures sur-interprétatives, proches du délire, où la passion pour un auteur l'emporte sur la claire rationalité de l'exégèse, chez les uns ; passion encore, rêverie chimérique de l'utopie, générant équivoque et incertitude, chez l'autre. On peut ici noter deux éléments : le néologisme « utopisme » sert à renforcer le caractère systématique de la fantasmagorie nietzschéenne ; l'expert en style qu'est l'écrivain se retrouve dans ce talent littéraire que Laurent-Michel Vacher lui concède (pour mieux en dévaluer évidemment l'apport). Il est néanmoins curieux que le fait d'avoir du talent philosophique devienne un handicap pour faire de la philosophie. Si encore Laurent-Michel Vacher s'était arrêté au seul talent littéraire, on aurait pu y retrouver sa critique du style et comprendre qu'il puisse clore sa démonstration en espérant que, désormais, Nietzsche « ne sera plus lu qu'avec méfiance, sauf peut-être en tant que poète » (p. 100), mais s'il lui accorde aussi du talent pour la philosophie, il faut alors supposer un talent bien dévoyé, qui chuterait dans le délire et l'utopisme (ou, alors, il faudrait témoigner d'une absence de talent philosophique pour être un philosophe plus sûr ?). Heureusement donc, pour le succès de Nietzsche et la critique de Vacher, que son talent littéraire lui a permis d'enrober ses chimères honteuses afin de faire croire à chacun qu'il révélait des pensées géniales.

On peut se demander si Laurent-Michel Vacher ne tombe pas lui-même dans deux pièges. Le premier consiste à croire qu'il existe une différence de nature entre le monde des significations (« la philosophie ») et la communication de ces significations (« la littérature »). La communication philosophique devrait se priver de style, rester transparente, preste, économique, afin d'éviter les équivoques du poète. C'est une conception du langage qui a connu quelques siècles de gloire, mais qui paraît aujourd'hui parfaitement obsolète. En se repliant, cependant, sur la police de la pensée avec sa technique du portrait-robot, elle affirme une certaine force. Le second piège tient à la revendication même d'une sous-interprétation qui cherche à éviter la lecture trop subtile, proche du délire et à mettre cette sous-interprétation du côté d'une sage rationalité tandis que la sur-interprétation relèverait de la passion incoercible. On sent en bien des endroits la passion pointer dans le propos de Vacher, y compris une passion tout à fait louable pour la rationalité. Mais l'opposition des deux reste d'un simplisme rédhibitoire.

PROTOFASCISME ET HISTOIRE DE LA PENSÉE

En quoi consisterait donc cet idéal-type du fascisme auquel on confronte la philosophie de Nietzsche ? À partir d'un résumé de différents travaux d'historiens et de politologues spécialistes du phénomène, Laurent-Michel Vacher retient six traits :

> 1) naturalisme, vitalisme et immanentisme ;
> 2) conception racialiste de l'humanité ; 3) conception élitiste, hiérarchique et inégalitaire de la société et de l'humanité ; 4) primat de la puissance, de la force, de la lutte guerrière, de l'instinct et de la « qualité vitale » ; 5) valorisation de la pratique, de l'action et de la création ; 6) principales valeurs y afférentes (p. 33).

Il en écarte trois traits pourtant généralement associés au fascisme : être partisan d'un État fort ; être chauvinement nationaliste ; être clairement antisémite (je reviendrai sur ces points dans le chapitre suivant).

Le problème est de savoir comment définir une « mentalité fasciste » hors de toute considération historique. Il est clair, en effet, que Nietzsche est mort avant que le terme de fasciste ait été créé et que les prises de pouvoir par Mussolini ou Hitler en aient favorisé la prolifération. Laurent-Michel Vacher est donc contraint logiquement de parler de « protofascisme[1] ». La distance historique n'est pas bien grande entre la vie de Nietzsche et l'émergence du

---

1. On peut remarquer que, hormis ce moment bien précis où Vacher dit clairement « que Nietzsche ne saurait être, en toute rigueur, qu'un précurseur du fascisme, "protofasciste" ou "fascisant" » (p. 20), il reprend dans le reste du texte l'étiquette de fasciste avec allégresse plutôt que celle de protofasciste (il manque ainsi de la rigueur qu'il revendique). Par ailleurs, à côté de sa mise en place du protofascisme, il cite aussi la définition de Bernhard Taureck : « On peut décrire le *fascisme* comme une pratique de pouvoir charismatique accompagnée de propagande et qui présente surtout quatre traits : égoïsme des dirigeants, absence de justifications rationnelles, racisme et enfin utopie d'une répétition de la Renaissance sous les conditions techniques de l'armement moderne. Par opposition, on peut qualifier de *protofasciste,* toute conception apparue avant les fascismes et qui [...] remplace le Dieu moral (la métaphysique) et l'absence des fondements de valeurs (le nihilisme) par un discours normatif de la force pour la force, de la guerre pour la guerre, de la cruauté pour la cruauté et de l'esclavage pour l'esclavage » (*Nietzsche und Faschismus,* cité p. 20-21). On y reconnaît une parenté évidente avec les six traits définis par Vacher, mais cette citation est introduite simplement comme « une autre façon de présenter les choses, intéressante bien que contestable à certains égards » (p. 20). En quoi est-elle intéressante (terme bien vague) et, surtout, à quels égards est-elle contestable ? Voilà ce que le lecteur eût bien aimé savoir... Mais la précision et l'explicitation ne constituent manifestement pas le fort de ce texte contrairement à ce qui est revendiqué.

fascisme et on a fait très tôt de la pensée nietzschéenne une source de la propagande nazie.
Néanmoins, il faut bien prendre garde aux
contextes historiques pour pouvoir déterminer le
fait que Nietzsche « partage une certaine mentalité
fasciste, un certain ethos fasciste, mais pas tout un
programme politique explicitement formulé ni,
moins encore, l'appartenance à un mouvement
politique organisé, fût-il naissant » (p. 20).

Or, ce qui est curieux c'est que, selon Laurent-
Michel Vacher, « presque toutes les principales
thèses de Nietzsche ne peuvent être vraiment
comprises qu'une fois mises dans la perspective de
son adhésion idéologique à une vision du monde
de tendance fascisante » (p. 18-19), et néanmoins il

> n'aime guère l'expression « trouver sa vérité
> dans le fascisme » [notons au passage que
> personne n'a obligé Vacher à utiliser cette ex-
> pression puisque c'est lui qui l'introduit…], car
> on risquerait de comprendre « dans les fascismes
> historiques », ce qui nous orienterait vers un
> problème assez différent, à la fois difficile et
> secondaire, celui du rapport entre les idées et
> l'action (p. 20).

Cet énoncé laisse perplexe : comment définir cette
mentalité fasciste hors des « fascismes historiques »
qui lui ont donné naissance ? Existerait-elle quelque
part dans le ciel des Idées, attendant son actualisation ici en Italie et là en Allemagne ? Comment
comprendre que « Platon, Fichte, Hegel, Nietzsche
ou Heidegger sont, à des degrés divers et compte

tenu de leur époque respective, des esprits à tendance nettement autoritaire, réactionnaire ou fascisante » (p. 16) ? On peut espérer que la série des trois adjectifs suive l'ordre chronologique (Platon autoritaire, Fichte et Hegel réactionnaires, Nietzsche et Heidegger fascisants), car quel sens peut-on vraiment donner à l'idée selon laquelle Platon serait un esprit fascisant ? Mais la série suppose quand même un amalgame (malgré les modalisations heureusement prudentes) qui témoigne du faible poids accordé à l'histoire. Or, encore une fois, où trouver la mentalité fasciste si ce n'est dans les expressions données par un certain moment de l'histoire ? Autoritaire et réactionnaire ne fonctionnent pas sur le même régime : ils peuvent qualifier des positions politiques et des postures philosophiques qui ont pu varier dans l'histoire. Il n'en va pas de même avec la notion de fascisme qui renvoie à une configuration historique singulière. Ou alors, on risque de manquer de *clarté* à étirer ainsi la référence des termes…

Par ailleurs, est-ce que la relation entre idées et action constitue véritablement un problème difficile et secondaire comme le soutient Laurent-Michel Vacher ? Difficile sans aucun doute : le rapport entre « les idées et l'action » a fait l'objet de nombre de réflexions savantes de la part des historiens comme des philosophes. C'est justement une raison pour tâcher de prendre position, sauf à éviter, par principe, la difficulté (comme on le verra la « clarté » est hélas trop souvent associée à la simplicité, au refus de prendre en compte la complexité d'une situation ou d'un problème). Reste alors le côté secondaire : est-ce que déterminer le rapport que l'on prétend tisser entre idées et action (je laisse de côté le présupposé étrange qui veut que les idées soient au pluriel pendant que l'action est au singulier : la vivacité prolifique des idées contre la marche de l'histoire ?) est accessoire si l'on entend montrer la cohérence entre la pensée d'un philosophe et une « mentalité » fasciste ? Tout dépend d'où l'on tire les caractères de cette « mentalité » : à quoi la repère-t-on ? quels types de source nous y donnent accès ? Comment la reconstitue-t-on ? Et, surtout, comment éviter de prendre en compte manifestes, programmes et activités qui se réclament du fascisme pour qui veut en définir la mentalité ?

Le rapport entre les idées et l'action est donc bien loin d'être secondaire, il réside au contraire au cœur de la possibilité de l'argument de Vacher : si l'on ne comprend pas comment l'action de l'histoire (supposons que l'on puisse la concevoir au singulier comme une action unique, ainsi que semble le penser Vacher, ce qui est loin d'être juste) se réfracte, se densifie ou se dilate dans des idées, on ne pourra jamais tirer de l'observation des agents historiques la moindre « mentalité », et on ne pourra pas non plus tâcher de relier mentalité (toujours au singulier : il n'existerait qu'*une* mentalité fasciste) et idées philosophiques. Cela gêne-t-il Vacher ? Pas tant que cela, puisque son propos n'est pas de relier, mais de *juxtaposer* six traits de la mentalité fasciste résumés à partir de lectures d'historiens (qui décrivent donc bien des « fascismes historiques ») et des citations de Nietzsche. De la même façon que les fascismes sont extraits de leur contexte pour se résorber dans un idéal-type, les propos de Nietzsche sont extraits de leurs configurations discursives pour être pliés à la répétition apparente de ces différents traits de la mentalité fasciste.

La question qui demeure est celle-ci : la juxta-position permet-elle de *comprendre* les idées de Nietzsche ? Le défaut d'articulation empêche-t-il que les thèses de Nietzsche ne soient « comprises qu'une fois mises dans la perspective de son adhésion idéologique à une vision du monde de tendance fascisante » (p. 18-19) ? Toute la structure de l'argu-ment vise bien à esquiver la complexité d'une arti-culation, d'une part, historique (entre fascismes et production d'une mentalité ou d'une vision du monde fascisante), d'autre part, théorique (entre idées et action, entre thèses philosophiques et men-talité d'une époque).

Pourtant, la nécessité de cette réflexion devrait sembler évidente si l'on soutient que « comparée au programme d'un parti ou aux actions d'une dicta-ture, la vision fascisante du monde telle qu'elle s'énonce dans l'abstrait, chez un philosophe ou un essayiste, est en partie méconnaissable, se présen-tant alors sous les dehors chimériques, transfigurés et grandioses d'un idéal visionnaire et tragique » (p. 22). Comment reconnaître les actions du fas-cisme sous les idées du philosophe ? Ou plutôt, sous l'*idéal* du (mauvais) penseur ? Car, encore une fois, on dirait que l'abstraction des idées fascistes se voile sous l'idéalisme de la chimère, sans que l'on sache exactement si c'est le cas unique des fascistes ou de toute production intellectuelle (ce qui n'est quand même pas sans conséquences : si c'est un cas général, alors mieux vaudrait éliminer une bonne fois pour toutes ces abstractions et idéalisations dangereuses, si c'est un cas particulier, encore faut-il examiner en quoi il est caractéristique de la pensée fasciste d'être également chimérique).

Là où les actions fascistes participeraient clairement d'une vision fascisante, les abstractions philosophiques la transfigurerait au point de la rendre méconnaissable : d'abord, c'est supposer que toutes les actions d'un pouvoir fasciste relèvent pleinement d'une vision du monde fasciste (les grands travaux routiers du régime hitlérien sont-ils fascistes ?) ; ensuite, c'est croire qu'une idée philosophique transfigure une vision du monde (cette vision du monde ne produisant donc pas ellemême et déjà un idéal visionnaire et tragique...). On retrouve ici la posture la plus usuelle de l'antiintellectualisme qui consiste à croire que les idées travestissent le réel :

> Envisagé uniquement au niveau du discours philosophique, l'idéal fascisant est bien entendu un projet qui peut facilement paraître très profond, voire « métaphysique », et tout à fait « noble », sublime même. Autant le nazisme réel nous apparaît rétrospectivement comme brutal, vulgaire, populacier, criminel, réactif, nihiliste, etc. (p. 23).

Dans le cas du nazisme, le réel horrible est idéalisé par les idées sublimes de la métaphysique ; mais dans les cas de régimes moins terribles, on ne voit pas pourquoi il en irait différemment. À chaque fois, le propre des idées serait de donner une profondeur illusoire aux événements. Du coup, la valeur éthique de la production d'idées demeure toujours incertaine : rien n'assure que l'idéalisation sublime tourne au profit du bien plutôt que du mal.

L'anti-intellectualisme débouche, sans qu'on s'en rende exactement compte, sur une interprétation du monde *en deçà* du bien et du mal, dans les profondeurs troubles du mensonge généralisé des idées. Encore une fois, c'est l'interprétation elle-même qui s'avère remise en cause sous la démolition de la pensée de Nietzsche.

II

INTERPRÉTER NIETZSCHE
AU PIED DE LA LETTRE

EXCÈS DES INTERPRÉTATIONS
ET RAPPORT DE FORCES

J'écrivais plus haut que ce texte polémique de Laurent-Michel Vacher cherchait quand même à pousser jusqu'à un questionnement fondamental le problème de l'interprétation de la philosophie de Nietzsche. Pour lui, il ne s'agit pas simplement de contester certaines exégèses en montrant qu'elles sont erronées, mais de questionner l'ensemble des interprétations de Nietzsche en affirmant qu'elles sont inutiles, voire nuisibles. C'est certainement en portant le problème à ce niveau radical que Laurent-Michel Vacher parvient à être le plus stimulant. Il n'est cependant pas sûr qu'il parvienne à en déplacer foncièrement les enjeux, dans la mesure où il court trop vite à la critique de Nietzsche.

Mais voyons exactement jusqu'où il conduit le problème :

> Je partage sans réserve la judicieuse maxime d'Alain Boyer, convaincu que l'excès des interprétations n'a que trop contribué à occulter l'insoutenable : « Ne pas interpréter Nietzsche, le prendre au mot, sans commentaires. » C'est une

> tarte à la crème des défenseurs de Nietzsche de
> prétendre qu'il ne faudrait jamais « le prendre au
> pied de la lettre » (p. 37).

Voici donc l'essentiel du propos, la justification méthodologique de la technique du portrait-robot. Cette citation pose, pourtant, plusieurs problèmes.

Il faut, d'abord, distinguer l'excès des interprétations et le refus d'interpréter : on peut critiquer le caractère abusif, déréglé et insensé de certaines exégèses sans pour autant impliquer qu'il ne faille plus jamais interpréter Nietzsche. En quoi le fait que nombre de critiques se soient, aux yeux d'Alain Boyer et de Laurent-Michel Vacher, égarés dans le labyrinthe du commentaire suggère qu'il faille, désormais, le prendre simplement au pied de ce qu'il énonce ?

Ensuite, il faudrait déterminer en quoi le fait de « prendre au pied de la lettre » ne forme pas quand même une interprétation. On peut la nommer « littérale », néanmoins, ne s'agit-il pas encore d'une forme d'interprétation ?

Enfin, cet énoncé permet de vider à l'avance tout débat ou tout conflit des interprétations : en prétendant refuser tout commentaire, immédiatement taxable d'abusif et de délirant, Laurent-Michel Vacher se positionne confortablement dans un lieu inaccessible où n'ont accès que ceux qui rejettent en bloc tout commentaire de Nietzsche. Louis Cornellier, dans son compte-rendu dans *Le Devoir,* se sert du même tour de passe-passe rhétorique : « les défenseurs de Nietzsche ne manqueront pas de crier au scandale interprétatif et de répliquer que la pensée du maître, très complexe, ne mérite pas ce traitement injuste ». En fait, le scandale vient plus encore du fait qu'il y a un rejet des interprétations : y en aurait-il qu'on les discuterait. Ici « la cause est entendue », le « devoir de clarté » respecté, l'« étalage de preuves textuelles accablantes », comme le souligne à plaisir Louis Cornellier dans son lexique de policier de la pensée.

À ces questions, l'ouvrage de Laurent-Michel Vacher ne fournit aucune réponse. Il ne permet pas non plus de savoir s'il n'y aurait que Nietzsche à devoir être pris « au pied de la lettre » ou bien si cela constitue un principe général qui entend, désormais, supprimer l'interprétation des discours philosophiques.

Si l'on entend penser en philosophe, on ne saurait, pourtant, laisser de côté ce genre de question. Il serait peut-être judicieux de remettre en cause la *doxa* philosophique qui s'est imposée dans la modernité selon laquelle tout est devenu affaire d'interprétation – d'autant que cette *doxa* compte parmi ses plus illustres représentants un certain monsieur Nietzsche. Mais encore faut-il le dire clairement et en peser les conséquences (c'est ce que je tâcherai de faire dans le chapitre VII).

Une position plus modeste dirait simplement qu'il faut scruter attentivement les philosophies à haute dose de « style » et vérifier qu'elles n'engendrent pas des équivoques susceptibles de prêter à confusion et délire. Mais encore faudrait-il s'entendre sur ce dosage et en analyser les effets

51

inopportuns. D'autant que le propos de Laurent-Michel Vacher tourne assez vite au rapport de forces (à condition de bien vouloir le lire lui aussi au *pied de la lettre* – mais qu'est-ce qui l'empêche ?) :

> lisez et relisez les citations de Nietzsche, qui n'ont plus guère besoin de commentaires. Examinez attentivement le portrait-robot du fasciste, puis les extraits de Nietzsche. [...] J'ai confiance que ce pourrait être là, du moins pour les fins spécifiques du présent propos, une démarche beaucoup plus forte et efficace que toute exégèse, si prudente et fine soit-elle (p. 38).

Il suffirait donc de confronter un portrait-robot et des citations sans commentaires pour se trouver dans une position de force et d'efficacité : fi de la finesse et de la prudence de l'interprétation ! Qu'importe la tâche intellectuelle de révéler l'intelligence d'un texte ou de prendre les précautions nécessaires pour en respecter la lettre autant que l'esprit, pour ne pas y plaquer ses propres fantasmes ou ne pas verser dans l'anachronisme... Toutes ces règles habituelles, presque banales, de l'interprétation des textes philosophiques sont balayées pour des raisons d'*efficacité* : quel principe de boutiquier, eût-on dit autrefois, de cadre dynamique, dirait-on aujourd'hui.

Pourquoi pas s'il s'agit justement de remettre en cause les nécessités mêmes de l'interprétation ? Certes. Encore faut-il bien voir où nous conduisent ces nouveaux principes : *la force et l'efficacité,* voici désormais ce qui est recherché. Il est très curieux que la dénonciation des rapports de force aveugles dans la pensée de Nietzsche produise un type de lecture qui engendre justement un pur et simple rapport de forces : pas de discussions, liquidons la philosophie nietzschéenne ! Au mieux, on en gardera quelques effets poétiques pour les amateurs de haut style, mais de sa pensée, ne conservons rien puisqu'elle est l'expansion d'un noyau fondamentalement fascisant.

LE PIED DE LA LETTRE

Prenons alors un exemple de cette confrontation afin de voir concrètement comment fonctionne l'opération de disqualification. Retenons, au hasard, la conception racialiste de l'humanité qui fait partie des traits distinctifs du fascisme. L'ensemble des citations de Nietzsche est introduit par un court paragraphe qui rappelle en quoi consiste ce second trait de toute pensée fasciste :

> il existe des races et l'humanité est fondamentalement divisée en groupes raciaux (par exemple : Asiatiques ; Juifs ; Européens / Blancs / Caucasiens / Aryens ; Noirs / Africains ; etc.). Outre l'espèce elle-même, les véritables unités constitutives de l'histoire et de la vie politique sont donc, ou devraient être en dernière analyse, diverses unités ethniques qualifiées de races (même si parfois on préférera parler, pour des raisons conjoncturelles ou tactiques, de « peuples » ou de « nations »). Radicalisme identitaire.

> Importance primordiale de facteurs biologiques en matière sociopolitique (atavisme, hérédité, sélection, eugénisme, etc.) (p. 47).

Deux éléments à remarquer avant de lire quelques-unes des citations de Nietzsche qui sont données comme exemples : d'abord, la première parenthèse permet de rapporter, uniquement pour des raisons de manipulation, toute forme de nationalisme à un racisme primordial (ce qui est quand même assez expéditif et qui, pour le cas de Nietzsche, s'avère plutôt maladroit tant la déconstruction des nations et du nationalisme est littéralement évidente dans ses œuvres) ; ensuite, d'un point de vue stylistique (certes, sans intérêt philosophique aux yeux de Vacher), le déboulé de phrases nominales qui se contentent de juxtaposer les termes sans l'actualisation précise d'un verbe, la parenthèse ajoutant encore à l'effet d'accumulation, permet d'encore mieux affirmer de force l'identification des éléments en un radicalisme identitaire du style lui-même...

Quelles sont les citations de Nietzsche qui sont censées venir corroborer ce portrait-robot ? J'en retiens deux (la toute première que donne Vacher, ainsi qu'une autre parce qu'il en reconnaît la difficulté d'interprétation) :

> Il n'y a vraisemblablement pas de races pures, mais seulement des races devenues pures, et encore sont-elles très rares. Ce qui est courant ce sont les races mélangées où l'on trouve nécessairement, en plus de la dysharmonie des formes

corporelles (par exemple quand les yeux et la bouche ne s'accordent pas), des dysharmonies dans les habitudes et les jugements de valeur. [...] Les races mélangées constituent toujours également des cultures mélangées, des moralités mélangées : elles sont en général plus méchantes, plus cruelles, plus instables. [...] Mais finalement, lorsque le processus de purification est réussi, toute la force qui se dispersait auparavant dans la lutte entre qualités discordantes est mise à la disposition de l'ensemble de l'organisme : c'est pourquoi les races devenues pures sont toujours devenues aussi *plus fortes* et *plus belles*. – Les Grecs nous offrent le modèle d'une race et d'une civilisation devenues pures : espérons qu'un jour il se formera pareillement une race et une culture européenne pures (*Aurore*, traduit et cité par Laurent-Michel Vacher, p. 47-48).

Je ne propose pas d'interprétation de ce passage. Je voudrais seulement souligner qu'il pose quelques problèmes si l'on s'en tient à une lecture « au pied de la lettre » comparée au trait racial constitutif de la pensée fasciste.

Le premier problème est que, si l'on accepte bien de lire *tous* les termes du passage en question de façon littérale, on trouve sans aucun doute l'usage de « race », « race pure », « purification » qui vont dans le sens d'un refus du mélange, mais aussi le principe selon lequel il n'existe que des « races *devenues* pures » (alors que le racisme biologique considère que les races sont données une fois pour toutes, il s'agit ici d'un *devenir,* donc d'une race qui

55

se fabrique dans le temps, qui s'améliore : la pureté ne peut signifier ici un état originaire qu'il faudrait préserver, mais à l'inverse un accomplissement que l'on doit provoquer et cultiver).

Un second problème apparaît alors. La race mélangée est aussi une culture mélangée (affaire là encore de devenir) et semble « plus méchante et plus cruelle », alors que la race qui devient pure devient aussi « plus forte et plus belle » : c'est dire que la méchanceté et la cruauté, dont Vacher dira ailleurs qu'elles constituent, pour Nietzsche, le *nec plus ultra* de la vie, sont, pourtant, mises ici du mauvais côté du mélange et opposées à la *force* et à la *beauté* : la force, dans ce passage, ne peut donc en aucun cas être assimilée à l'usage de la cruauté et de la méchanceté.

Enfin, dernier problème : l'exemple donné par Nietzsche d'une race *et* d'une civilisation devenues pures, ce sont les Grecs. Or, aucune identité génétique n'a jamais assuré l'autonomie des Grecs. Et Nietzsche souhaite le retour chez les Européens (non chez les Allemands ou les Aryens, etc.) de cette purification de la race et de la culture dont les Grecs fournissent un exemple ancien, sans impliquer qu'ils devraient être les seuls à se purifier ainsi ni à supposer qu'ils auraient par là même le droit de conquérir le monde (ou autre phantasme nazi).

Ces trois éléments jettent un sérieux doute sur la possibilité de lire dans cet extrait un exemple impeccable du racisme préalablement défini par Vacher (quand on voit, dans d'autres citations, la référence que Nietzsche fait à une « race aristocratique », on se demande s'il utilise bien le terme au sens que nous lui donnons presque exclusivement aujourd'hui de groupe ethnique – j'y reviendrai). En prenant le terme de « race pure » à la lettre, Vacher ne fait que retenir un *slogan*. Car le problème de la lecture littérale est qu'elle joue surtout sur une désignation rigide des termes sans égard pour le contexte syntaxique de la phrase ni pour le contexte sémantique du passage ni pour le contexte générique du discours, sans parler du contexte culturel, institutionnel, social et politique dans lequel l'œuvre a été écrite et publiée.

On met des noms en évidence, des noms susceptibles de faire sursauter les lecteurs d'aujourd'hui, rompus aux usages du moralisme intense ou aux valeurs incontournables de l'hybridité des cultures et des races, afin de s'en servir comme de signaux publicitaires. Du coup, cela implique de s'aveugler complètement sur la complexité d'une notion comme « race devenue pure » et éviter de s'interroger sur sa signification. Évidemment, on peut toujours dire que c'est une « raison conjoncturelle ou tactique » qui a conduit Nietzsche à brouiller ainsi les pistes ou encore que le style nietzschéen s'accommode sans peine de notions chimériques : des races devenues pures, voilà certes un énoncé absurde – on nous avait, pourtant, dit que l'on pouvait lire à la lettre ces passages éminemment clairs… et voici qu'ils ne le sont pas autant qu'on pouvait l'espérer.

Encore une fois, je ne cherche pas à « sauver » Nietzsche des accusations de fascisme ou ici de racisme, mais à mettre en lumière que cette lecture littérale conduit à des conclusions faussées, d'une part, parce qu'elle escamote la lecture des contextes, d'autre part, parce qu'elle ignore certaines composantes des énoncés. C'est un manque d'honnêteté intellectuelle (ou plutôt un acte résolument anti-intellectuel) que de jouer sciemment sur l'effet provocateur de certains termes et de renoncer à la finesse et à la prudence d'en lire toutes les valeurs. On peut même dire que, si l'on tient à parler de « radicalisme identitaire », c'est Laurent-Michel Vacher qui en fournit un bon exemple en faisant porter le regard du lecteur sur quelques termes qui, aujourd'hui, vouent d'office au pilori ceux qui les utiliseraient. Qui peut, dans notre monde contemporain saturé des valeurs du multiculturalisme, accepter sans sourciller l'idée d'une nécessité de rendre les races plus pures (comme Mallarmé, au moment où Nietzsche écrivait, entendait « donner un sens plus pur aux mots de la tribu »…)?

Loin donc de liquider toute forme de commentaire, ces textes de Nietzsche réclament du véritable lecteur la tâche ardue (plus ardue en tous les cas que la rapidité du collage de citations) de comprendre ce qu'ils disent en fonction de leurs divers contextes. Il se peut que Nietzsche ait été raciste, mais la démonstration qu'en fait Laurent-Michel Vacher pose elle-même tant de problèmes de méthode qu'elle produit l'effet inverse à celui qui était recherché, dans la mesure où les citations qu'il donne montrent bien au lecteur – au moins à celui qui refuse le coupé-collé rigidement martelé par le non-commentateur –, les usages complexes des notions qui auraient dû être évidentes.

LA FORCE ET L'ININTELLIGENCE

Voyons un second exemple de ces constructions interprétatives, de ces coups de force qui se donnent pour de simples portraits de police intellectuelle :

> Que l'Allemagne ait bien assez de Juifs, que l'estomac allemand, le sang allemand, aient du mal (et auront du mal longtemps encore) à assimiler même cette dose limitée de Juifs – alors que les Italiens, les Français, les Anglais ont assimilé les leurs, par suite d'un système digestif plus vigoureux –, c'est ce qu'exprime un instinct général dont il faut tenir compte et en fonction duquel on doit agir. [...] Or les Juifs sont incontestablement la race la plus énergique, la plus tenace et la plus pure qu'il y ait dans l'Europe actuelle [...]. Il serait intéressant à plus d'un égard de voir si l'art héréditaire de commander et d'obéir – dont la Marche est aujourd'hui le terroir classique – ne pourrait pas se métisser avec le génie de l'argent et de la patience (et surtout avec une dose d'esprit et d'intellectualité qui fait cruellement défaut au groupe en question). Mais assez de joyeuse teutomanie, mettons un terme à cette harangue, car je viens de toucher à mon plus *sérieux* problème, au « problème européen » tel que je l'entends, à la sélection d'une caste nouvelle qui dominera l'Europe (*Par delà le bien et le mal,* traduit et cité par Laurent-Michel Vacher, p. 51-52).

Là encore certains termes semblent faire mal : assimilation ou refus d'assimiler les Juifs, sélection d'une caste dominante, voilà bien des notions qui ont connu de tristes et terribles usages à compter des années 1930. Il est raisonnable de trouver dans ce texte des éléments précurseurs de discours qui auront des conséquences tragiquement déraisonnables.

Mais, de nouveau, la lecture littérale de *tous* les termes ne peut pas conduire univoquement à soutenir l'idée d'une présence de l'idéologie nazie : puisque nous venons de voir la valorisation des races devenues pures, dont le modèle ancien était les Grecs, nous devons accepter le fait *littéral* que les Juifs sont bien qualifiés de « race la plus pure dans l'Europe actuelle » et qu'elle soit bien plus forte que la « teutonne ».

Plus encore, cette force ne tient pas à un phantasme militariste (puisque c'est justement la population de la Marche qui souscrit au modèle obtus du commandement et de l'obéissance), mais au pouvoir de l'esprit et de l'intellect, y compris l'intelligence du calcul financier (on peut voir là le préjugé classique du Juif rapace, mais l'ensemble du passage, pris littéralement, semble y trouver une valeur positive, de même qu'à la *patience* invoquée – là encore loin de la cruauté et du goût instinctif pour l'action, typiques, selon Vacher, du fascisme de Nietzsche).

Enfin, la caste dominante qui est appelée des vœux de Nietzsche consiste en un *métissage* (le verbe est bien là littéralement présent dans le texte :

« se métisser ») des Juifs et des Allemands (le mépris évident pour la « teutomanie » est lui aussi littéralement visible), voire des Juifs assimilés et des Français, Anglais et Italiens : n'oublions pas qu'il s'agit de l'Europe. Pourquoi ce métissage, sinon pour parvenir à une « race européenne » *plus pure,* donc plus forte, plus belle, etc. ?

Il est ainsi possible de se scandaliser en lisant ce passage, si l'on insiste sur certains termes, et, à l'inverse, de louer la critique du nationalisme allemand, la valorisation des Juifs, l'espoir d'une autre Europe fondée sur le métissage de l'intellectualité et du politique (commander et obéir sont les déterminants de la vie dans la cité, non selon Hitler, ni même selon l'« autoritaire » Platon, mais selon le plus démocratique Aristote). *La lecture littérale ne permet en aucune manière de trancher.*

Laurent-Michel Vacher ajoute un rare commentaire (allant contre son principe) : « Tout le paragraphe précédent, réputé d'interprétation délicate, mérite d'être lu et relu en entier, surtout lorsqu'on s'interroge sur les affinités existant ou non entre Nietzsche et certains préjugés antisémites » (p. 52). Voici tout à coup que l'interprétation refait surface, mais assignée à d'autres en général. Peut-on y voir l'esprit ouvert de Vacher ? Pas vraiment, puisque le reste de la phrase, malgré le doute exprimé, oriente bien le lecteur dans le sens des préjugés antisémites qu'il faut aller chercher dans le texte de Nietzsche. Tout le contexte du livre de Vacher déterminant vers où le poids de l'interprétation « réputé délicate » doit pencher. Loin d'exprimer ou de souscrire à ce principe de délicatesse, le commentaire de Vacher *force* la lecture rétrospective du passage. Traduisons clairement ce qui est affirmé avec efficacité (et une bonne dose d'implicite) : relisez bien ce passage, que les exégètes idolâtres réputent d'interprétation délicate afin de noyer le poisson de l'antisémitisme dans le lac des fausses profondeurs, et vous verrez apparaître le mépris et la haine des Juifs en sélectionnant les termes adéquats.

Or, que se passe-t-il lorsque l'on remet cette citation ne serait-ce que dans son contexte immédiat, dans le fragment 251 dont Laurent-Michel Vacher l'a extraite et découpée en limpides rondelles ? On s'aperçoit que le propos de Nietzsche est *clairement* de dénoncer la folie prussienne de l'antisémitisme :

> un peuple qui souffre et veut souffrir de la fièvre nerveuse du nationalisme et de l'ambition patriotique aura l'esprit traversé de nuages et de perturbations de toute sorte, bref de courts accès de stupidité – voyez, par exemple, chez les Allemands d'aujourd'hui tantôt cette sottise, la gallophobie, tantôt cette autre, l'antisémitisme[1].

C'est de ce point de vue étroitement nationaliste que Nietzsche, qui l'expose, peut être amené à écrire ce que reprend Laurent-Michel Vacher en le lui attribuant immédiatement par un facile tour de passe-passe.

---

1. Friedrich NIETZSCHE, *Par delà le bien et le mal : Jenseits von Gut und Böse*. Traduction et préface de Geneviève Bianquis, Paris, Aubier, 1978, p. 325.

Mais Vacher élimine aussi d'autres passages de ce même fragment où Nietzsche affirme la valeur des Juifs (autant par leurs vertus intellectuelles dont l'anti-intellectualisme nationaliste fait des vices que par leur religion traditionnelle qui leur permet de résister aux mots d'ordre péremptoires de la modernité étatique et capitaliste) :

> Or les Juifs sont sans aucun doute la race la plus vigoureuse, la plus résistante, la plus pure qu'il y ait actuellement en Europe ; ils savent s'imposer même dans les pires conditions, et mieux que dans les meilleures, grâce à certaines vertus dont on voudrait à présent faire des vices, grâce surtout à une foi obstinée qui n'a pas à rougir en présence des « idées modernes[1] ».

Nietzsche affirme, par ailleurs, que, loin de comploter pour mettre la main sur l'Europe, ce que les Juifs

> veulent et souhaitent, et même avec une certaine insistance, c'est de se laisser absorber et dissoudre dans l'Europe et par l'Europe ; ils aspirent à trouver le lieu où ils puissent se fixer, se faire reconnaître et respecter, mettre enfin un terme à leur vie nomade de Juif Errant. On devrait bien tenir compte de cette aspiration, de cette tendance, où s'exprime peut-être une certaine atténuation des instincts ; on devrait la favoriser. C'est pourquoi il serait peut-être utile et légitime d'expulser du pays les braillards antisémites[2].

Est-ce assez clair ?

---

1. *Ibid.*, p. 327.
2. *Ibid.*, p. 329.

Le collage des descriptions du fascisme et des citations fonctionne, chez Laurent-Michel Vacher, non sur le modèle du commentaire fin et prudent, selon un *principe de délicatesse,* mais sur la manière de l'exemplification brutale, selon un *principe d'efficacité.* Voici, d'un côté, les traits, les mots qu'il faut chercher, voilà, de l'autre, les citations tronquées, montées en épingle et données en exemple. Le travail de « lecture » consiste seulement à aller des uns aux autres, sur un chemin tout tracé, soigneusement balisé et sans échappatoire – travail de publicitaire. Au besoin, on peut réorienter le lecteur en intercalant quelques nouveaux guidages par quelques mots entre les citations ou par des notes de bas de page censées accroître encore l'éclairage aveuglant.

Par exemple, Nietzsche a le malheur d'affirmer que « le secret pour récolter la plus grande fécondité et la plus grande jouissance de l'existence, c'est de *vivre dangereusement* ! » et Vacher met en note de bas de page : « Le fascisme mussolinien a, dès 1924, élevé cette formule à la hauteur d'un slogan : *Vivi pericolosamente* » (p. 66). On voit bien les effets d'historicité générés par cette note (d'abord, une note apporte, par principe une précision ou une information supplémentaire, ensuite, la précision de la date et la reprise en langue originale se conforment bien à ce registre de l'information pertinente), mais que *prouve-t-elle* ? Soit que Mussolini a repris une formule de Nietzsche qui lui plaisait (ou qu'un de ses intellectuels affidés la lui a refilée sous la forme d'un slogan), soit que cette formule est assez courante à l'époque pour passer d'ouvrages philosophiques (au public restreint à la fin du XIXᵉ siècle) à un programme politique des années 1920. En quoi cet énoncé dit-il quelque chose de spécifiquement fasciste, hors du rapprochement Nietzsche-Mussolini ? Quand Homère dit qu'il vaut mieux vivre un jour comme Achille que cent ans comme Thersite (autrement dit un jour comme un héros épris du danger ou cent ans comme un lâche qui craint pour sa vie), est-il fasciste ?

Sans parler du fait que, tout à coup, la référence au « fascisme historique » refait surface : ici elle permet de vérifier l'esprit fascisant de Nietzsche, ailleurs, elle y nuit. Comment le déterminer ? Les voies de Laurent-Michel Vacher sont d'une clarté impénétrable.

Ce sont par ces commentaires qui assènent de façon apparemment savante (les notes de bas de page sont un des appareils classiques des écrits scientifiques) des énoncés aux valeurs générales que se construit le sens de l'interprétation. Car il y a bien interprétation, construction du face à face, et non transparence du vis-à-vis. Contrairement à ce qu'il indiquait de plus intéressant – une remise en cause du principe herméneutique par où l'interprétation doit révéler ce qui est caché dans les profondeurs d'un texte ou d'une vie –, Laurent-Michel Vacher élabore son propos selon les bonnes vieilles habitudes herméneutiques (mais sans la finesse et la prudence de l'interprète), puisqu'il dénonce les critiques insuffisantes des nietzschéens et des antinietzschéens,

> dans la mesure où l'adhésion idéologique de
> Nietzsche à toute une conception fascisante co-
> hérente (et sous-jacente) demeure ainsi voilée,
> alors qu'elle seule permettrait de saisir la logique
> secrète qui gouverne et explique de telles
> opinions (p. 32).

Sous les apparences poético-chimériques de la philosophie nietzschéenne, Laurent-Michel Vacher sait
nous montrer ce qui était voilé ; il parvient à en
révéler la logique secrète : toute une conception
fascisante cohérente. Nous sommes bien dans l'herméneutique la plus banale.

Il ne faut pas oublier qu'une interprétation ressemble souvent à un coup de force. En révélant ce
que le texte ne dit pas de façon évidente, on sélectionne, on redistribue, on reconfigure les significations. C'est pourquoi le commentateur doit être, par
principe, fin et prudent. Sinon, la force apparaît à
plein.

C'est exactement le cas de cette interprétation
de Nietzsche par Vacher, d'autant plus qu'elle prétend ne pas en être une, d'autant plus qu'elle se
positionne par-delà bons et mauvais commentaires.
Cela fait partie de l'arsenal classique des coups de
force : Laurent-Michel Vacher adopte avec satisfac-
tion la posture du déniaisé, celui qui parvient à se
défaire des mystifications d'une pensée et se haus-
ser au-dessus du lot commun des interprètes abusés,
le seul à révéler enfin la « logique secrète » des phi-
losophèmes niezschéens. Nietzsche fascinait ; désormais, ses pensées ne sont qu'« embrouillamini »
(affirme sans s'embrouiller Louis Cornellier), ou ses

> idées [...] sont pour la plupart violentes, ex-
> trêmes, bizarres, excessives, aussi mystérieuses
> que radicales, aussi délirantes que schémati-
> ques – bref, elles ont tout pour plaire à un
> public malheureusement habitué à rechercher
> avant tout matière à se distinguer en se démar-
> quant le plus possible du sens commun (p. 26).

Posture du grand démystificateur dont Nietzsche a joué de façon exemplaire et qui revient ici appli-quée au philosophe (comment ! nos deux critiques seraient par là même encore nietzschéens ?).

Cette manière des plus connues fait partie de la panoplie rhétorique du « seul contre tous », du ven-geur de la veuve mystifiée par de faux penseurs et de l'orphelin terrorisé par des styles abusifs (« l'in-dispensable et courageux Laurent-Michel Vacher », « le plus mordant et le plus talentueux des philoso-phes québécois », assène Louis Cornellier avec son usuel lyrisme publicitaire qui lui permet, du coup, de se croire lui aussi talentueux, courageux, indis-pensable et mordant lorsqu'il clame les bienfaits de la démolition de Nietzsche). Cette manière fait problème quand elle sert à anéantir l'intelligence des textes (à prendre au deux sens : ce que les textes disent d'intelligent autant que la compréhen-sion intelligente de ces textes) : pour le coup, on a affaire à une (pseudo)pensée à coups de marteau.

Du point de vue des méthodes, il faut donc reprendre et problématiser plusieurs points : le rap-port à l'histoire que suppose le portrait de la pensée fasciste ; les sources des principes sous-tendant le fascisme selon Vacher (droit du plus fort, valorisation de la vie, inégalité naturelle) ; la relation entre l'histoire de la philosophie et l'histoire intellectuelle ; la question du style en philosophie ; le problème de l'interprétation. Il faudrait évidemment plusieurs volumes pour traiter de toutes ces questions, mais je ne désire que rappeler certains événements (en particulier certains événements de pensée) afin d'indiquer rapidement ce dont Laurent-Michel Vacher aurait dû traiter longuement s'il avait véritablement voulu faire œuvre utile.

III

PORTRAIT OU HISTOIRE
DE LA PENSÉE FASCISTE

L'histoire de la philosophie est en général plus philosophique qu'historienne. Laurent-Michel Vacher, en ce sens, s'inscrit dans un mode d'analyse absolument typique et fort daté. Parmi les tentatives récentes de renouvellement des modes d'approche philosophique, on compte pourtant des prises en compte de l'histoire infiniment plus excitantes (on peut penser, bien sûr, à Georges Canguilhem et Michel Foucault, mais aussi à John Dunn, Quentin Skinner, Marcel Gauchet, Jacques Rancière, etc.) qui ont des implications et sur l'écriture de l'histoire et sur l'analyse des pensées. Lorsqu'on entend montrer qu'un philosophe partage une conception du politique avec des penseurs ou des acteurs fascistes, encore faut-il s'inscrire explicitement dans un rapport à l'histoire. Il s'agit donc maintenant d'examiner précisément la constitution historique de cette mentalité fasciste à laquelle devrait correspondre le portrait de la pensée nietzschéenne, sans quoi le parallèle s'effondre de lui-même.

On peut, d'abord, noter le caractère très fragmentaire de l'information mobilisée, alors même que les publications sur le fascisme abondent. On trouve quelques textes cités en bibliographie, mais dans sa note de la page 11, Laurent-Michel Vacher fait seulement référence à trois ouvrages dont il prétend tirer son portrait-robot : C. Cohen, *Four Systems : Individualist Democracy, Socialist Democracy, Fascism, Communism,* 1982, p. 115-170 ; P. Braud et F. Burdeau, *Histoire des idées politiques depuis la Révolution,* 1983, p. 285-301 ; P. Ory, *Du fascisme,* 2003. Autrement dit, une histoire des idées à tendance panoramique, un ouvrage généraliste sur des systèmes politiques et un ouvrage récent d'un historien spécialiste de la France du XXᵉ siècle (et, en particulier, des intellectuels).

Or, si Vacher n'a lu que les quelques ouvrages mentionnés en bibliographie et laissé de côté les travaux les plus importants sur le sujet, prétendre que, du côté des historiens, « même s'il y a sans doute quelques points contestés, [...] le travail est déjà fait » ne saurait être qu'une affirmation péremptoire, pour ne pas dire prétentieuse : de nombreux points sont encore contestés et certainement pas des points de détail (pour n'en mentionner que quelques-uns : déterminer si le fascisme s'apparente plus à la gauche qu'à la droite, au populisme qu'à l'élitisme, au socialisme qu'au capitalisme, s'il se pose comme plus proche du peuple ou plus voisin de la bourgeoisie, plus moderniste ou plus traditionaliste, s'il existe une différence de degré ou une différence de nature avec le conservatisme autoritaire, si fascisme et nazisme se ressemblent vraiment assez pour être associés sous le même sigle, etc.). Sur ces points, les historiens sont très divisés et constituent même des « clans » assez facilement repérables. Les ouvrages de Zeev Sternhell ou de Richard Paxton ont même engendré, au moment de leur publication, des polémiques plutôt vives. Au pays des historiens du fascisme, la paix ne règne pas encore.

Cela dit, on peut, en effet, recenser des points communs sans avoir besoin d'aller soi-même faire un travail scrupuleux d'historien. Quels sont les traits qui feraient consensus ? L'attaque contre la démocratie libérale et surtout contre le communisme, un retour au nationalisme tribal mâtiné de darwinisme social et de déterminisme biologique, une révolte contre la décadence, la condamnation du rationalisme et de l'utilitarisme, une valorisation des attitudes militaires et de l'autorité en général, une défense de la spiritualité contre le matérialisme hédoniste ou économique, pour n'en citer que les plus évidents. Par ailleurs, les historiens cherchent pour la plupart à souligner que ces éléments « idéologiques » avaient besoin d'une crise économique, culturelle et sociale importante pour que des programmes de partis mobilisent et fassent cristalliser cet ensemble flou de réactions, de réflexions et de postures (mais c'est là une contextualisation élémentaire pour un historien qui n'offre manifestement aucun intérêt pour Vacher, laissons-la donc de côté).

TROIS ÉLÉMENTS ÉCARTÉS :
LE NATIONALISME, L'ÉTAT FORT, L'ANTISÉMITISME

Avant d'examiner brièvement les six traits du fascisme selon Vacher, voyons ce qu'il exclut de façon surprenante : le nationalisme, l'État fort, l'antisémitisme. Ces trois éléments font partie du portrait que tout un chacun se fait du fascisme et, non sans raison, puisque les historiens ont tendance effectivement à octroyer à ces trois éléments un caractère fondamental dans leur définition du fascisme. Mais il est toujours bon de pouvoir critiquer certaines évidences et Laurent-Michel Vacher fait bien de les remettre en cause. Quelles sont ses raisons pour éliminer de la pensée fascisante ces trois éléments ?

D'abord, la question de l'État fort. Différenciant conceptions proto-fascistes et doctrine fasciste une fois que le pouvoir a été effectivement conquis (point de méthode historique tout à fait probant), Laurent-Michel Vacher fait remarquer que les penseurs fascisants font une critique radicale de l'État libéral et bourgeois et ne revendiquent un État fort qu'à compter du moment où ils occupent le pouvoir. Cette affirmation n'est pas totalement fausse, mais elle s'avère néanmoins trop réductrice.

Prenons le cas de l'Italie des années 1900-1920 (avant toute mise en place politique du fascisme). On voit bien que c'est le croisement du socialisme syndicaliste (d'où sortent Mussolini et de nombreux fondateurs du mouvement fasciste) et du nationalisme qui fait la séduction du fascisme, avec à la clef le désir d'un État fort :

Vers la fin de la première décennie du siècle, le syndicalisme révolutionnaire fournit l'Idée, le mouvement nationaliste [...] procure les troupes. Mais ce n'est pas tout. Le nationalisme apporte aussi au premier fascisme le culte du pouvoir fort. [...] À cet égard, la guerre joue un rôle déterminant dans la cristallisation finale de l'idéologie fasciste, non seulement en ce qu'elle apporte la preuve des capacités mobilisatrices du nationalisme, mais aussi parce qu'elle dévoile l'énorme puissance de l'État moderne. [...] Sur le plan de la théorie politique, la synthèse fasciste s'exprime déjà clairement autour des années 1910-1912 dans des publications comme *La Lupa* en Italie et les *Cahiers du Cercle Proudhon* en France[1].

La guerre a, bien entendu, joué un rôle considérable, mais comme révélation de sa force politique et cristallisation de la synthèse entre socialisme syndical, nationalisme et pouvoir fort.

On trouve aussi chez Henri De Man, chef du mouvement syndical en Belgique, se rapprochant au fur et à mesure des années de la posture mussolinienne sans connaître sa « réussite » politique, une critique radicale des positions marxistes, l'apologie du corporatisme et l'idée de l'État fort : « À l'avenir, il faudra être plus décidés à réaliser un ordre socialiste en même temps qu'à édifier un État autoritaire, ceci conditionnant cela[2]. »

1. Zeev STERNHELL, Mario SZJNADER, Maia ASHÉRI, *Naissance de l'idéologie fasciste,* Paris, Fayard, 1989, p. 46-47.
2. Henri DE MAN, *Après coup,* cité par Zeev STERNHELL, Mario SZJNADER, Maia ASHÉRI, *Naissance de l'idéologie fasciste,* p. 333.

Dans le premier programme du parti fasciste italien en 1921 (avant donc la prise du pouvoir en 1925), « l'État est souverain » et non plus le peuple ou la nation (ce qui n'est pas sans conséquences idéologiques et politiques). Dans *Mein Kampf,* publié en 1925 sans connaître de succès, Hitler oscille entre une conception de l'État comme instrument du pouvoir de la nation et une autre où l'État est la véritable « incarnation souveraine de l'instinct de conservation d'un peuple[1] » qui implique la constitution d'un État fort pour sauver la nation dont il est l'émanation.

Peut-être ces exemples sont-ils déjà trop impliqués dans les jeux politiques et manquent des vertus intellectuelles de la pensée hors des sentiers du pouvoir effectif, mais ils soulignent, d'une part, que la notion d'un État fort fait bien partie de la construction originaire des fascismes en tant que positions politiques, d'autre part, qu'on ne peut édifier de « proto-fascisme » conséquent si l'on ne prend même pas la peine de considérer ce que les penseurs ou les acteurs *manifestes* du fascisme concevaient avant qu'ils ne prennent le pouvoir, sans quoi le « proto-fascisme » a la liberté d'inclure ou d'exclure n'importe quoi au gré des auteurs. Or,

> historiquement, en effet, ce qui importe, c'est moins l'arrivée au pouvoir de partis fascistes, dans laquelle la conjoncture eut un rôle déterminant,

1. HITLER, *Mein Kampf,* cité par Roger BOURDERON, *Le fascisme : idéologies et pratiques*, Paris, Éditions sociales, 1979, p. 65-66.

que la réceptivité qu'ils trouvèrent et qui permit leur stabilisation. La présence d'une culture autoritaire enracinée a fait le lit du fascisme[1].

Il paraît donc extrêmement arbitraire d'exclure le désir d'un État autoritaire de toute conception proto-fasciste.

Deuxième cas : le nationalisme. Laurent-Michel Vacher écrit :

> S'il ne fait aucun doute qu'en pratique les mouvements historiques s'inspirant du fascisme ont eu recours au nationalisme de façon prioritaire, massive et souvent extrême, au point que le nationalisme doit certainement être considéré comme un critère incontournable de tout fascisme politiquement organisé, il n'en demeure pas moins que les penseurs d'inspiration fascisante ont pu adopter à ce propos diverses positions plus ou moins nuancées, particulièrement avant l'ère des régimes fascistes (p. 35).

Il serait, en effet, extraordinairement difficile d'éliminer le nationalisme de l'horizon du fascisme. Pascal Ory, dont Laurent-Michel Vacher affirme résumer les propos, en fait même la clef de la croissance extraordinaire de la maladie fasciste[2]. Tactiquement, Vacher en reconnaît donc la portée, mais réclame soudain des nuances – lui qui n'en fait pas beaucoup quand il s'agit de Nietzsche – sous prétexte que la pensée ne répond pas pleinement

---

1. Philippe Burin, *Fascisme, nazisme, autoritarisme,* Paris, Seuil, 2000, p. 7.
2. Pascal Ory, *Du fascisme,* Paris, Perrin, 2003, p. 54.

de la pratique et que les mouvements d'inspiration fasciste n'adoptent pas les mêmes positions que les penseurs d'inspiration fascisante, surtout ceux d'avant le fascisme.

Le premier problème est qu'il s'agit d'une pétition de principe : on affirme que le nationalisme ne sert pas de critère pour déterminer que l'on a affaire à un penseur fascisant, puisque des penseurs fascisants ont adopté des positions qui ne sont pas toutes forcément ultra-nationalistes, mais on a d'abord déterminé ces penseurs fascisants comme n'étant pas tous nécessairement ultra-nationalistes sans savoir sur quels autres critères plus déterminants ils ont été sélectionnés. Quels seraient ces penseurs (à part Nietzsche, bien entendu) ? Sur quelles citations se baser ? Quelles nuances faut-il faire ? Un penseur fascisant peut-il simplement mettre la nation au second plan du renouveau social, peut-il aller jusqu'à refuser de faire de la nation une instance importante, aura-t-il la possibilité de critiquer le nationalisme comme symptôme de décadence ? Nous n'en saurons rien. Or, ces positions sont bien différentes les unes des autres et dépassent quand même le cadre des petites nuances. Même si l'on admettait que certains penseurs fascisants ne soient pas ultra-nationalistes, il paraît difficile qu'ils ne soient pas quand même au moins pro-nationalistes – quand à trouver des penseurs fascisants résolument anti-nationalistes, j'ai beaucoup de mal à en apercevoir des figures possibles dans l'histoire (hormis Nietzsche ?).

Le second problème est que, dans sa définition du fascisme, Vacher dénie tout poids aux mouvements historiques qui se sont réclamés du fascisme. C'est d'abord supposer que ces mouvements n'ont pas de penseurs, qu'ils ne cherchent pas à se légitimer auprès du public ou à convaincre de futures recrues. C'est ensuite construire, sans aucune base historique, une « pensée » fasciste sans le moindre fasciste : une sorte de fluide magnétique mystérieux qui traverserait certains individus sans qu'on sache d'où il vient ni comment il a été formé ni qui en a été l'auteur. Le propre de l'idéologie est sans doute de flotter dans l'air du temps et peut-être est-ce une des raisons qui ont conduit les historiens à en limiter les études tant les critères de repérage demeurent souvent vagues. Mais, à tout le moins, les historiens sérieux s'appuient sur des textes précis dont les contextes permettent de penser qu'ils s'inscrivent bien dans tel ou tel courant de pensée. Si les mouvements fascistes ne permettent pas, aux yeux de Vacher, de préciser la configuration intellectuelle dans laquelle ces mouvements prennent sens (sens manifesté explicitement ou significations sous-entendues que l'on peut reconstruire), alors sur quoi se fonde-t-il exactement pour déterminer ce que serait *la* « pensée fasciste » ?

Il est, par ailleurs, un peu trop facile de faire un résumé des travaux d'historiens en ne tenant pas compte de tout ce qu'ils disent (comme dans les citations de Nietzsche, on n'épingle que certains mots). Par exemple, Philippe Braud et François Burdeau (donnés par Vacher comme références) affirment que la doctrine fasciste puise à deux sources majeures dont les origines remontent aux dernières années du XIXe siècle [donc de façon contemporaine à Nietzsche et non au moment où le pouvoir a déjà été conquis]. Le nationalisme forme l'une d'entre elles, nourrie de la nostalgie d'une stabilité révolue [...]. Le syndicalisme révolutionnaire constitue l'autre courant [...]. Deux aspects concourent à les [les conceptions fascistes] particulariser : une valorisation extrême de l'institution étatique ; l'importance accordée à la formule corporatiste. « Anti-individualiste, la conception fasciste est pour l'État... » Mussolini n'a cessé de placer l'État au premier plan. Car non seulement il est l'émanation de la nation, l'instrument chargé d'assumer son destin, mais encore la puissance qui l'a créée. Il est une force spirituelle[1].

On trouve dans l'autre source de Vacher la même insistance : pour Pascal Ory, l'« identité organique » du fascisme tient à un dynamisme dont « le secret [...] peut se résumer en deux formules : nationalisme et totalitarisme[2] ».

---

1. Philippe BRAUD et François BURDEAU, *Histoire des idées politiques depuis la Révolution,* Paris, Éditions Montchrestien, 1983, p. 292. Laurent-Michel Vacher donne aussi comme argument que les collaborateurs fascistes belges ou français ont « inévitablement » subordonné leur nationalisme à la construction d'un ordre nouveau. Beaucoup l'ont fait, mais beaucoup d'autres s'y sont refusés, au point que l'on a pu trouver des fascistes français jusque dans la Résistance... (voir sur ce point Robert SOUCY, *Fascismes français ? 1933-1939. Mouvements antidémocratiques.* Traduit par F. Chase et J. Philips, Éditions Autrement, 2004, p. 57).

2. Pascal ORY, *Du fascisme*, p. 23.

Il en va donc des historiens comme de Nietzsche lui-même, Laurent-Michel Vacher croit que la bonne analyse consiste à sélectionner quelques éléments et à tranquillement ignorer tous ceux qui ne conviennent pas à sa démonstration. Il suffit ainsi de retenir des historiens la conception fasciste de la force ou de l'énergie vitale, tout en laissant tomber la valorisation de l'État et de la nation, pour tailler un fascisme sur mesure qui permettra d'en vêtir la philosophie nietzschéenne sans que le costume flotte trop aux entournures.

Troisième problème : même si l'on acceptait de ne pas tenir compte des fascismes historiques dans la configuration de la mentalité fasciste, il est reconnu par tous les historiens (qui discutent simplement du degré de son importance) que le fond des arguments fascisants révèle de farouches oppositions au communisme et, en particulier, à la revendication internationaliste du communisme. Avant même que ces oppositions ne se cristallisent dans des programmes explicites et des actions politiques, l'anticommunisme ne peut manquer de générer en retour un nationalisme, sans doute d'autant plus passionné qu'il est *aussi* réfléchi. On n'a donc même pas besoin d'analyser les déclarations du Duce ou du Führer pour savoir qu'ils opèrent sur un registre connu depuis longtemps de leurs adeptes. C'est l'anticommunisme, l'anti-Internationale, de la fin du XIXᵉ siècle et du début du XXᵉ siècle qui fait le lit du nationalisme exaspéré des esprits fascistes. Il est strictement impossible de laisser cette notion de côté, sinon on rate une des causes les plus évidentes du fascisme et on le ramène, du coup, à une configuration intellectuelle beaucoup trop vague (mais dont le vague arrange manifestement certains esprits).

Et c'est le même manque avec le troisième élément que Vacher écarte : l'antisémitisme. L'argument, ici, est de faire une nuance – ce sera la dernière ! – entre racisme et antisémitisme. Le fascisme serait raciste, mais seule la variante nazie serait antisémite (cas particulier du racisme). Là encore, c'est ignorer purement et simplement la réalité historique. Je cite à nouveau les textes qui servent, pourtant, de référence à Vacher :

> L'absence, à l'origine, de toute considération raciste et antisémite distingue de la façon la plus visible l'idéologie fasciste du nazisme. Ce n'est qu'à l'instigation du Reich hitlérien que les dirigeants italiens adopteront officiellement l'antisémitisme ; et la législation raciale de 1938 fut loin de rencontrer la même adhésion qu'en Allemagne[1].

Et l'on serait bien en peine de trouver le racisme comme élément crucial des divers fascismes européens :

> chaque mouvement est assez profondément marqué par ses origines nationales pour paraître spécifique sur le plan idéologique. Le racisme obsessionnel du nazisme, nulle part ailleurs

---

1. Philippe BRAUD et François BURDEAU, *Histoire des idées politiques depuis la Révolution,* p. 292.

retrouvé, accroît cette impression d'irréductible originalité[1].

Pascal Ory marque d'ailleurs bien la genèse de ce racisme antisémite dans le creuset d'un nationalisme xénophobe largement répandu :

> le culte national conduira à la recherche compulsive de l'autarcie économique et à un impérialisme de plus en plus belliqueux [...]. C'est à cette lumière qu'il importe de situer le statut du racisme dans l'idéologie fasciste : il est sans visibilité particulière. Le fasciste croit à sa supériorité raciale de Blanc et d'Occidental comme la plupart de ses compatriotes conservateurs ou démocrates ; ce trait ne lui est pas distinctif ! *Le nazi ajoute à sa foi communautaire une conviction raciale et un antisémitisme accusé* ; ce trait lui est distinctif car il n'entre pas dans la configuration fasciste générale : on peut être fasciste sans être antisémite et, en Italie par exemple, on peut être, et l'on fut souvent ! fasciste et juif. En revanche on doit considérer a posteriori que la xénophobie constitutive de l'idéologie fasciste prédisposait à la généralisation raciste finale et à sa focalisation antisémite[2].

C'est pourquoi Pascal Ory peut, dans son résumé final, lapidaire et provocateur, dire « le fascisme est-il antisémite ? non. Le fascisme est-il raciste ? oui[3]. » Laurent-Michel Vacher se fait un plaisir de ne

---

1. Roger BOURDERON, *Le fascisme : idéologies et pratiques,* p. 32.
2. Pascal ORY, *Du fascisme,* p. 26. (Je souligne.)
3. *Ibid.,* p. 288.

reprendre que cette citation, mais on s'aperçoit bien, quand on lit l'ouvrage en son entier, que le fasciste est raciste « comme la plupart de ses compatriotes conservateurs ou démocrates ; ce trait ne lui est pas distinctif ! » Laurent-Michel Vacher a l'air de n'avoir guère lu que ces deux pages de conclusion tranchée, sans les éléments qui permettent de les comprendre dans toute leur complexité.

Autrement dit, si l'on entend vraiment faire du racisme un des critères distinctifs du fascisme, il faut le ramener au cas singulier du nazisme et, en l'occurrence, ce racisme est d'abord et avant tout antisémite (il est clair que l'aryen est supérieur au noir, pour un nazi, mais la haine viscérale du juif lui est encore plus évidente). D'autres fascismes européens ont pu s'y rallier (comme l'Italie en 1938), mais le racisme et l'antisémitisme ne font pas partie de l'arsenal des phantasmes typiquement fascistes des débuts – il n'est donc pas irrationnel de conclure qu'ils n'en font pas non plus partie avant l'essor des mouvements fascistes, chez ces « penseurs d'inspiration fascisante ».

On pourrait se demander pourquoi Laurent-Michel Vacher cherche à écarter ces éléments qui, pour le coup, font bien consensus chez les historiens. La réponse n'est malheureusement pas très complexe : s'il devait tenir compte de ces éléments, sa mise en scène du fascisme de Nietzsche s'effondrerait. En effet, il souligne bien que les six traits qu'il retient jouent par leur spécificité mais aussi par leur accumulation : un penseur n'est fasciste qu'à condition de partager l'ensemble de ces aspects. En y ajoutant l'ultra-nationalisme, le désir d'un État autoritaire fort et le racisme antisémite, il devient beaucoup plus difficile de trouver de nombreuses citations de Nietzsche qui iraient en ce sens. Malgré ce que laisse habilement sous-entendre Vacher dans un aparté :

> apporter la preuve du fait que Nietzsche : 1) n'était absolument pas favorable à l'État (moderne) et qu'il s'adressait avant tout à des individualités d'élite ; 2) était opposé au nationalisme germanique, prussien ou allemand de son temps ; 3) n'adhérait pas à l'antisémitisme et condamnait ses contemporains antisémites – *à supposer que ces trois preuves soient disponibles, ce qui est diversement envisageable selon chacun des cas* – serait très loin de régler, contrairement à ce qu'on affirme souvent, la question de l'orientation préfasciste ou non de ses idées (p. 36, mes italiques),

la critique radicale de l'État, du nationalisme (et, en particulier, du pangermanisme : la « teutomanie » comme il l'appelle) et de l'antisémitisme (qui ne consiste pas simplement à prétendre avoir quelques amis juifs) est facile à trouver chez Nietzsche.

Non seulement la méthode recomposant une mentalité fascisante sans avoir égard à l'ensemble de la réalité historique des fascismes pose de sérieux problèmes, mais les choix des critères de cette pensée proto-fasciste n'en pose pas de moindres. C'est souvent ce qui arrive lorsqu'on se sert de l'histoire au lieu de la servir. Croire que l'on peut contribuer à mieux rendre compte de certaines dimensions historiques de Nietzsche (« un des principaux inventeurs de la configuration idéologique qu'on appellera plus tard le fascisme », p. 99) en laissant soigneusement de côté tous les faits qui encombrent le passage et en oubliant contextes, échelles des actions, genres des écrits pour mieux construire une abstraction en six points nommée « portrait-robot », témoigne et d'un manque de respect et d'un défaut de finesse.

Pourtant, Pascal Ory, en véritable historien, avait signalé le piège dans lequel – faute de l'avoir lu avec assez d'attention ? et pourtant, on ne peut reprocher à Pascal Ory un quelconque manque de clarté – Laurent-Michel Vacher tombe avec allégresse :

> Téléologique, la notion de *préfascisme* est, en elle-même, absurde. Il n'y a pas plus de préfascisme que de Préhistoire. Un individu est toujours issu d'une généalogie en même temps que, par définition, il ne se confond ni avec son père ni avec sa mère, encore moins avec ses quatre grands-parents, ses huit arrière grands-parents, etc. Le descendant n'est pas l'ancêtre ou, ce qui nous importe plus ici, l'ancêtre n'est pas le descendant. Au reste, un phénomène n'est pas un individu, même s'il conjugue un certain nombre d'individus. Tout phénomène historique nouveau possède en soi une spécificité radicale qui ravale au rang de prophète du passé l'historien assez naïf ou assez paresseux pour lui chercher des signes avant-coureurs[1].

---

1. *Ibid.*, p. 48.

Ou encore : « À trop chercher du côté de la production intellectuelle originale, on perdrait cependant de vue que nous avons affaire non à un système philosophique mais à un phénomène politique[1]. »

Heureusement Laurent-Michel Vacher n'est pas historien. Mais que fait-il alors dans cette galère complexe de l'écriture de l'histoire ? Peut-on légitimement juger de la pensée d'un philosophe à l'aune du bricolage de bazar des manifestes ou manifestations fascistes ? Et quel est alors le sens et la portée intellectuelle de cette démarche de crabe qui cherche à reculer du fascisme avéré vers un inconsistant protofascisme et d'une instrumentalisation de concepts contradictoires vers une pensée singulière qui, en dépit de possibles contradictions internes (quelle philosophie n'en a pas ?) ou de véritables difficultés de lecture, n'y est en aucune manière réductible ?

LECTURE LITTÉRALE ET DISCOURS ABSOLU

Vaut-il la peine de relever quelques caractéristiques de la pensée fasciste qui ne font partie ni des traits reconnus ni des aspects rejetés par Vacher ? En passant rapidement : le désir de communauté qui trouve son institution effective dans le corporatisme, l'appel aux masses (dirigées par un parti), la vocation impérialiste, l'assainissement des mœurs politiques par un retour aux valeurs morales authentiques (qui permet de jouer sur certaines

---

1. *Ibid.*, p. 53.

affiliations chrétiennes au passage), le dépassement de la lutte des classes par la solidarité nationale, l'intégration (voire la subordination) des individus à l'État-nation[1]. Tous ces éléments qui contribuent au portrait du parfait fascisme sont escamotés par Vacher comme s'ils ne jouaient aucun rôle et ne permettaient en rien, liés aux autres traits, de compléter ce portrait. Encore une fois, cela se comprend aisément : on n'y reconnaîtrait guère Nietzsche.

Il est curieux, d'un côté, de croire à la lecture littérale, sans commentaires, de certaines citations (jamais de textes au complet) et, de l'autre, d'abstraire de leur littéralité et de leur événementialité les différentes composantes repérables du fascisme. C'est donner un tour absolu au portrait ainsi recomposé sans s'apercevoir qu'on joue exactement sur le même terrain que ce qu'on voudrait condamner. En effet, une des caractéristiques des discours fascistes est que « nous avons affaire à des idéologies qui reposent sur des *vérités fondamentales définies comme indiscutables, dogmatiquement affirmées, dont l'individu et la masse reçoivent l'immédiate révélation*[2] ». La lecture littérale placée sous l'éclairage des six aspects du fascisme selon

---

1. Pour ces divers éléments, voir Roger BOURDERON, *Le fascisme : idéologies et pratiques* ; Renzo DE FELICE, *Comprendre le fascisme* (Traduit par M. Baudouy, Paris, Seghers, 1975 [1969]) ; Pierre MILZA et Serge BERSTEIN, *Le fascisme italien, 1919-1945* (Paris, Seuil, 1980).

2. Roger BOURDERON, *Le fascisme : idéologies et pratiques*, p. 43.

Vacher doit bien fonctionner comme une révélation immédiate du triste esprit fascisant de Nietzsche. Chez celui-ci rien ne saurait le sauver : tout y sonne mal. Or, un des traits les plus frappants de l'idéologie fasciste « est cette dichotomie très nette qu'elle établit entre le spirituel et le décadent, le caractère absolu de la séparation entre le bien et le mal[1] ». Pour l'auteur de *Par delà le bien et le mal* qui s'obstine à proposer une généalogie de la morale, il est entendu que ce discours absolu est justement ce qu'il entend déconstruire. Là encore, il serait bien difficile de retrouver Nietzsche (même dans les aspects les plus polémiques de son travail).

Il eût été plus correct de comparer texte à texte, mot à mot, lettre contre lettre. Prenons toutes les citations que Vacher donne de Nietzsche et cet extrait de la doctrine du fascisme que Mussolini lui-même écrivit pour l'*Enciclopedia Italiana* :

> On ne comprenait pas le fascisme [...] si on ne le considérait en fonction de sa conception générale de la vie. Cette conception est spiritualiste. Pour le fascisme, le monde n'est pas ce monde matériel qui apparaît à la surface, où l'homme est un individu isolé de tous les autres, existant en soi, et gouverné par une loi naturelle qui, instinctivement, le pousse à vivre une vie de plaisir égoïste et momentané. L'homme du fascisme est un individu qui est nation et patrie, une loi morale unissant les individus et les

---

1. Robert SOUCY, *Fascismes français ? 1933-1939. Mouvements antidémocratiques,* p. 421.

générations dans une tradition et une mission [...]. Le fascisme veut que l'homme soit actif et engagé dans l'action avec toutes ses énergies : il le veut virilement conscient des difficultés réelles et prêt à les braver. Il conçoit la vie comme une lutte, il estime qu'il appartient à l'homme de conquérir une vie vraiment digne de lui, en créant avant tout l'instrument (physique, moral, intellectuel) pour la construire. Et cela est vrai et pour l'individu, et pour la nation, et pour l'humanité. D'où la haute valeur de la culture sous toutes ses formes [...]. La base de la doctrine fasciste est la conception de l'État, de son essence, de ses devoirs, de ses fins. Pour le fascisme l'État est un absolu en face duquel l'individu et les groupes sont des relatifs [...]. L'État tel que le fascisme le conçoit est un fait spirituel et moral, puisqu'il réalise l'organisation politique, juridique, économique, de la nation, et puisqu'une telle organisation est, dans sa genèse et dans son développement, une manifestation de l'esprit. L'État est le garant de la sécurité intérieure et extérieure, mais il est aussi le gardien et le transmetteur de l'esprit du peuple [...]. Du moins, si le peuple est conçu, ainsi qu'il doit l'être, sous l'aspect qualitatif et non quantitatif, s'il signifie l'idée la plus puissante, parce que la plus morale, la plus cohérente, la plus vraie [...]. De tous ceux qui, en vertu de la nature ou de l'histoire, forment ethniquement une nation, suivent la même ligne de développement et de formation spirituelle, comme une seule conscience et une seule volonté. Il ne s'agit ni de race, ni de région géographique déterminée, mais d'un groupement qui se perpétue historiquement, d'une multitude unifiée par une idée qui est volonté d'existence et de puissance : c'est conscience de soi, personnalité[1].

Dans ce passage, la valorisation de l'énergie, de la conquête d'une vie digne de soi dans la construction de soi-même, de l'importance de se cultiver, de la vie comme lutte peuvent certainement trouver leurs échos antérieurs dans les textes de Nietzsche (mais de combien d'autres ?). Par contre, la conception de l'État comme absolu, de la nation comme idée morale, tout ce spiritualisme incarné se reconnaîtrait mieux dans l'idéalisme allemand d'un Hegel (contre lequel Nietzsche a la dent dure). Il y a bien récupération de la notion de « volonté de puissance » : peut-on vraiment dire qu'elle a le même sens que chez Nietzsche ? Toute la configuration conceptuelle dans laquelle elle s'inscrit correspond-elle exactement à celle du penseur allemand ?

Revenant sur les poncifs qui traînaient dans les argumentations fascistes, Pascal Ory y retrouve bien, comme beaucoup d'autres,

> Vouloir [Schopenhauer], Volonté de puissance, Surhomme [Nietzsche], Élan vital [Bergson] : peu importent les approximations ou les contresens que peuvent relever les spécialistes ; ce qui compte ici c'est la vulgarisation et l'instrumentalisation de quelques concepts erratiques au

---

1. Benito Mussolini, « La doctrine du fascisme », cité par R. Bourderon, *Le fascisme : idéologie et pratiques*, p. 188-189.

service d'une pensée de contradiction, de ressentiment et de revanche qui, à la limite, ne répugne pas à récupérer une idéologie d'apparence hyperrationaliste comme le darwinisme social, dès lors qu'elle peut servir de justification au vitalisme le plus élémentaire[1].

Il ne faut donc pas se tromper sur les appropriations successives de termes identiques. Va-t-on traiter Darwin de protofasciste sous prétexte que sa « lutte pour la vie » est réinscrite dans la sociologie fin-de-siècle et reprise dans des manifestes fascistes ? C'est inverser complètement le mouvement de l'histoire et lire les phénomènes à rebours : au lieu d'analyser comment les concepts sont réappropriés et transformés par leurs usages et leurs contextes, Laurent-Michel Vacher prétend voir l'ancien à la claire lumière du nouveau.

Je n'ai pas cherché à tronquer la citation de Mussolini pour faire en sorte de n'y retrouver que des éléments étrangers ou rejetés explicitement par Nietzsche : il existe bien des reprises de vocabulaire, de concept, de ton même. Il faut à chaque fois en observer les usages, les déplacements, les jeux littéraux, etc., faute de quoi, on tombe dans les généralités dignes des gros titres du journal du soir (mais n'exagérons rien : tout au plus dans la page des faits divers, la première page est dévolue à des affaires autrement sérieuses que d'apprendre que Nietzsche, ce philosophe au nom imprononçable, était un esprit fascisant).

---

1. Pascal ORY, *Du fascisme*, p. 52.

En résumant ainsi hardiment à coups d'omissions et de dénégations les caractères du fascisme, il devient absolument impossible de savoir s'il existe bien des correspondances entre la philosophie nietzschéenne et la mentalité fasciste. La lecture littérale, lorsqu'elle fait fi de l'ensemble du texte, des réseaux entre les textes et des configurations culturelles (sans même parler des fonctions sociales, enjeux économiques, appartenances institutionnelles dans lesquels les productions textuelles sont toujours prises), ne peut manquer de verser dans un discours absolu, sans nuances, sans ombres, un discours si lumineux qu'il aveugle plutôt que d'éclairer.

IV

LA VALEUR DE LA VIE
ET LE PRIMAT DE LA FORCE

Examinons maintenant les traits caractéristiques qu'a retenus Laurent-Michel Vacher et l'autre problème de méthode qu'ils posent. Les six traits tournent en fait autour de deux principes mobilisateurs : la valorisation de la vie (points 1, 5 et 6 : naturalisme, vitalisme, immanentisme, valorisation de la pratique, des passions, de l'action et de la création et valeurs « y afférentes ») et le droit du plus fort (points 3, 4 et 6 : conception élitiste et inégalitaire de la société et de l'humanité, primat de la puissance, de la force, de la lutte guerrière et valeurs « y afférentes ») ; le point 2 : conception racialiste (pourquoi pas simplement « raciale » ? histoire d'ajouter encore aux *-ismes* et lui donner une tournure plus générale, plus objective, plus « scientifique » ?) est à la jonction entre valorisation de la vie et droit du plus fort (celui-ci promouvant aussi « la "qualité vitale" » par l'instinct même de lutte). Il est utile de ramifier ainsi les principes, mais il n'est pas inutile d'en percevoir les troncs communs si l'on entend poser le problème différemment.

En effet, le résumé des traits fascisants appliqué au cas de Nietzsche laisse totalement de côté leur origine et l'inscription de la pensée nietzschéenne dans des héritages (parfois hétérogènes). Tout se passe comme si Vacher avait arrêté le temps : sans prendre en compte toutes les données du fascisme en aval et sans chercher à comprendre les enchevêtrements conceptuels en amont, il lui suffirait de composer un portrait du proto-fasciste fin XIXe (qu'il tire quand même explicitement d'un certain nombre de composantes des mouvements fascistes tout en revendiquant aussi le contraire…) pour mieux le coller sur la figure de Nietzsche. Nous avons vu que ce portrait-robot posait des problèmes par rapport aux véritables discours et pratiques politiques fascistes ; il en pose aussi par rapport à ses origines, surtout si on le restreint à ces six traits ou à ces deux dimensions sous-jacentes.

Brièvement, voici ce que Laurent-Michel Vacher aurait dû indiquer s'il avait eu un peu de sens de l'histoire – et encore en restreignant ces éléments à une histoire des schèmes de pensée sans l'arrimer à l'histoire politique et sociale, ce qui demanderait beaucoup de temps et semblerait de toute façon trop loin des propos de Vacher. J'espère que le lecteur ne rechignera pas à la complexité des figures dont je vais devoir traiter. Si je conteste les simplifications abusives de l'interprétation de Laurent-Michel Vacher, je dois bien maintenant passer par une certaine mobilisation érudite qui implique de prendre son temps et circuler dans un peu plus que quelques citations prestement assenées.

Ainsi, pour ce qui concerne le droit du plus fort et le primat de la force, Nietzsche n'en est certainement pas l'inventeur et ce n'est pas même une création du XIXe siècle malgré ses révolutions politiques et industrielles. Il faut remonter plus loin et peut-être d'un côté surprenant.

LE PRIMAT DE LA FORCE

On doit partir de la Renaissance, en plein cœur des guerres de religion. Au moment même où le grand juriste Jean Bodin élabore le principe de la souveraineté (qui est aussi le principe par excellence de la politique dans les temps modernes), il reconnaît l'origine du pouvoir dans la force. Cette reconnaissance institutionnelle va donner lieu à deux possibilités : soit la guerre existe dans un état de nature et alors l'invention de la société humaine, par l'établissement d'un ordre juridique et d'une souveraineté politique, empêche la guerre générale et incessante ; soit la guerre dans l'état de nature se prolonge en forme sociale d'illusion de justice et de gouvernement afin de mieux masquer les incessants rapports de force. Ces deux conceptions supposent néanmoins une naturalité de la lutte et du conflit, à la grande différence des Anciens.

Dans une certaine mesure, on pourrait dire que l'homme est un être pour la guerre seulement depuis les temps modernes. La joute (à laquelle s'est vivement intéressé Nietzsche en bon philologue helléniste), la discorde, la vengeance font bien partie des dispositifs élémentaires, voire des formes de réciprocité des sociétés antiques, sans que la guerre comme telle occupe, pourtant, un horizon identique à celui des Modernes. De plus, à la différence de ceux-ci, la guerre n'est pas liée à l'origine même de la société : le mythe de Protagoras, chez Platon, fait d'*aidôs* (le respect, la pudeur) et *dikè* (la justice) les dons divins par lesquels Zeus permet la création de la communauté politique (et par là seulement la maîtrise de l'art militaire) ; la guerre, chez Aristote, est liée à la chasse, comme art d'acquisition et non comme don originel des dieux. L'homme antique est un être de cité (*zôon politikon*), non un être de guerre.

Pour les Modernes, au contraire, la force est justement ce qui permet la création du lien social selon les deux versions que j'indiquais : d'un côté, il y aurait une différence de nature entre la guerre générale de l'état de nature et la société qui en empêcherait le retour ; de l'autre, une simple différence de degré entre le pur exercice de la force et les formes sociales de la domination. On peut, pour limiter l'étude, incarner ces deux positions, au XVIIᵉ siècle, dans deux pensées : celles de Hobbes et de Pascal, toutes deux se déployant sur un fond théologique dont il ne faut pas faire l'économie.

Voyons d'abord les points communs entre ces deux conceptions. L'une et l'autre pensent la société comme un artifice humain, sans la moindre intervention divine, s'inscrivant dans une vision mécaniste des pulsions individuelles et sur un parfait plan d'immanence (ce sont les hommes qui produisent la société, non un dieu qui leur donne des lois). Que dit Hobbes ? « Les hommes s'assemblent [...] par accident, et non pas par une disposition nécessaire de la nature. [...] Ce n'est donc pas la nature, mais la discipline qui rend l'homme propre à la société ». Qu'ajoute Pascal ?

> il faut qu'il y ait différents degrés, tous les hommes voulant dominer et tous ne le pouvant pas, mais quelques-uns le pouvant. Figurons-nous donc que nous les voyons commencer à se former. Il est sans doute qu'ils se battront jusqu'à ce que la plus forte partie opprime la plus faible, et qu'enfin il y ait un parti dominant[1].

Il n'existe donc pas de disposition *a priori* chez l'homme qui fasse de lui un être naturellement sociable. Le lien politique ne se crée que dans une dynamique proprement historique (autrement dit, immanente et contingente). Là où le problème des Anciens consistait à savoir comment organiser la vie politique, donnée d'office, afin d'assurer un « bien vivre » ensemble, la question des Modernes porte en fait sur la manière d'assurer la possibilité même de ce vivre ensemble.

À cette artificialité de la société correspond une *égalité naturelle* des hommes. Chez Pascal, chacun est porté immédiatement par un identique désir de domination, strictement égal au désir de ses voisins. La domination offre sans doute le spectacle de l'inégalité, mais sur le fond d'une égalité originaire

---

1. Thomas HOBBES, *Le citoyen ou les fondements de la politique*. Traduit par S. Sorbière, édition préparée par S. Goyard-Fabre, Paris, Flammarion, 1982 [1642], I, II, p. 90-93 ; Blaise PASCAL, *Pensées*. Édition préparée par M. Le Guern, Paris, Gallimard, 1989 [c. 1660], § 677.

par où chacun pèche par désir de souveraineté absolue sur les autres. C'est cette confrontation égale des désirs, et non une inégalité naturelle, qui entraîne le conflit entre les parties et la mise en place de rapports concrets de domination. Hobbes est tout aussi radical :

> La cause de la crainte mutuelle dépend en partie de l'égalité naturelle de tous les hommes, en partie de la réciproque volonté qu'ils ont de nuire. Ce qui fait que ni nous ne pouvons attendre des autres, ni nous procurer à nous-mêmes quelque sûreté. [...] Tous les hommes sont naturellement égaux, l'inégalité qui règne maintenant a été introduite par la loi civile[1].

Les rapports d'inégalité naissent avec l'invention de la société, ils ne lui préexistent pas.

Qu'est-ce donc qui définit l'homme si ce n'est plus sa sociabilité et la raison ou le langage qui en témoignaient ? Pour Hobbes et Pascal, l'homme est avant tout un être de désir, et plus précisément un être animé par le désir de dominer. Il lui faut donc à chaque fois pouvoir marquer sa puissance aux yeux de tous. Du coup, cette volonté de domination ne trouve pas simplement sa preuve dans l'exercice concret de la force, mais aussi dans l'art des signes qui rendent visibles la puissance en même temps qu'ils la reproduisent, voire l'accroissent. Signes de mépris ou signes de soumission sont les moyens ordinaires qui lient les hommes entre eux. Les signes de valeur permettent d'établir

---

1. Thomas HOBBES, *Le citoyen,* I, III, p. 94-95.

les rapports entre les hommes et d'éviter que toutes les relations ne dégénèrent rapidement en conflit armé (« Cela est admirable : on ne veut pas que j'honore un homme vêtu de brocatelle, et suivi de sept ou huit laquais. Et quoi ! il me fera donner les étrivières si je ne le salue. Cet habit, c'est une force[1] »).

Examinons maintenant les spécificités proposées par les deux penseurs sur le fond important de ces similitudes. Contrairement à ce qu'une légende pourrait faire croire, Hobbes n'est pas un penseur de la force, mais plutôt de la faiblesse issue de l'égalité de principe entre les hommes. En effet, pour lui, l'égalité est égalité des puissances de tuer et égalité des désirs de dominer : même le plus faible peut toujours tuer le plus fort. C'est pourquoi il est indispensable de céder les pouvoirs de tuer de chacun à un tiers, souverain absolu, qui aura seul puissance légitime de l'usage de la force, car on ne peut même pas s'en tenir à un droit qui trouverait son origine et sa légitimité dans la seule force. C'est la faiblesse réciproque des hommes et leur désir de se maintenir en sécurité qui les fait renoncer à leur liberté de dominer, afin de mieux conserver leur existence. Du coup, cela génère une recherche obsessionnelle de la sécurité.

Or, cette recherche produit aussi une contradiction entre, d'une part, le désir de sécurité qui oblige à déclencher des attaques préventives de peur d'être agressé par surprise et, d'autre part, le

---

1. Blaise PASCAL, *Pensées,* § 82.

fait de risquer ainsi sa vie pour dominer les autres. On peut aussi trouver une difficulté impossible à résoudre entre la nécessité d'être reconnu par les autres hommes à la hauteur (absolue) à laquelle on s'estime soi-même et le désir contraire des autres hommes qui veulent aussi être reconnus sans avoir à nous reconnaître. De ces contradictions sort la nécessité, par calcul rationnel des intérêts, d'abandonner son droit naturel à se défendre ou à attaquer. C'est dans la mesure même où Hobbes exhibe ces contradictions *logiques* qu'il se donne un moyen tout aussi *rationnel* d'en sortir. Le souverain apparaît alors sous la figure d'un tiers qui fait peur par le monopole de la force qu'il détient (ce qui sécurise chacun) et qui fixe le taux des valeurs sociales des sujets par monopole des signes de domination (ce qui hiérarchise les reconnaissances sociales).

Pour Pascal, la faiblesse de l'homme, en raison du péché originel, l'a privé de Dieu, d'où l'apparition de sociétés qui ne sont pas auréolées de la présence du divin (sauf moments mystérieux d'une grâce ponctuelle et inattendue). Dans cet état de faiblesse généralisée, il ne reste plus que la folie des hommes à se prendre pour le centre du monde et à céder à l'exercice de la force par égalité des désirs de dominer. Dans la figuration de la formation des sociétés, Pascal indique bien l'état de guerre sur lequel débouche à tout coup cette égalité des folies humaines, mais l'association en parties afin de mieux dominer les autres suppose que la guerre lie les alliés autant qu'elle délie des ennemis. La toute première forme sociale réside dans ces parties guerrières, ces groupements d'agression. À partir de là, un parti dominant s'affirme et établit une hiérarchie entre dominants et dominés. Le problème est dès lors de faire durer, de conserver cette domination :

> alors les maîtres, qui ne veulent pas que la guerre continue, ordonnent que la force qui est entre leurs mains succédera comme il leur plaît [...]. Et c'est là où l'imagination commence à jouer son rôle. Jusque-là la pure force l'a fait. Ici c'est la force qui se tient par l'imagination en certain parti, en France des gentilshommes, en Suisse des roturiers, etc.[1].

Dans la mesure où toute force physique s'use, il faut avoir recours à l'imagination pour amener les dominés à croire qu'ils sont *naturellement* asservis. Pascal n'a pas besoin, comme Hobbes, d'un contrat social rationnellement passé entre les hommes ; il suit simplement la logique mécanique des forces physiques et des puissances d'imagination. Les dominants produisent ainsi un processus d'illusion qui a pour répondant le processus d'auto-illusion par lequel les dominés croient encore à la valeur de la position qu'ils occupent dans l'ordre social (et cela quel que soit le régime politique) : « La puissance des rois est fondée sur la raison et sur la folie du peuple, et bien plus sur la folie[2] ». C'est ainsi que les rapports de force sont escamotés dans des

---

1. *Ibid.,* § 677.
2. *Ibid.,* § 24.

rapports de droit. À la différence de Hobbes, Pascal n'y discerne pas la fin des contradictions originaires, mais bien la folie des contradictions inaperçues.

C'est pourquoi, chez Pascal, les hommes peuvent aller jusqu'à se faire tuer afin de conserver la valeur imaginaire qu'ils croient être la leur. Alors que, pour Hobbes, la sécurité et la conservation priment sur tout le reste, chez Pascal, le désir de domination une fois reproduit dans les signes de l'imagination doit y céder jusqu'à la perte de sa propre vie s'il le faut : la gloire est supérieure à la sécurité.

S'il existe bien une spécificité des Modernes sur ces points, encore faut-il pouvoir repérer les schèmes de pensée qui ont permis de semblables déplacements. Le premier touche à la question de l'égalité. En effet, les Anciens supposent une *hiérarchie naturelle entre les êtres* dans un cosmos préordonné : certains sont faits pour commander et d'autres pour obéir, comme l'affirme Aristote. Alors que la théologie chrétienne, en faisant du péché la chose du monde la mieux partagée, requiert une égalité naturelle dans un cosmos ouvert à l'histoire par l'incarnation du Christ. Cependant, on ne peut accorder une influence immédiate à cette conception chrétienne, dans la mesure où l'on voit bien, au Moyen Âge, même chez les théologiens, l'amalgame complexe et, en partie, contradictoire de l'égalité naturelle et de la hiérarchie évidente. Cela dit, le schème de pensée, induit et par l'égalité des pécheurs et par leur statut d'êtres de désir, suppose que la société humaine, dès que l'on met de côté la création directe de Dieu, semble issue du conflit généré par *l'égalité même des désirs de dominer.*

Un deuxième schème de pensée réside dans la prégnance du modèle mécaniste de la physique des forces. Il n'est pas surprenant de trouver chez Hobbes et Pascal, qui ont tous deux travaillé dans le cadre de la mécanique galiléenne, une semblable référence tacite. Les individus ont beau être définis par leurs désirs et leurs volontés, la logique interne de la production des passions singulières rejaillit sur l'enchaînement des liens politiques et engendre de façon quasi automatique un ordre social dont les configurations peuvent être variables, mais dont l'effet général est bien le résultat de l'enchaînement des passions personnelles – alors même que le résultat eût semblé devoir être inverse. Cette présence d'un modèle mécaniste permet de concevoir une instance dynamique (la *machine* de guerre), hors de la volonté des agents comme de l'intervention d'une transcendance divine, qui ouvre alors un espace d'illusion ou d'auto-illusion des sujets, captifs des signes du désir.

Un troisième schème de pensée tient à la question même de la puissance. Car il ne suffit pas que l'égalité de droit des sujets soit alliée à leur désir de dominer pour que la guerre surgisse de façon aussi générale et radicale, il faut encore que la mécanique des forces s'appuie sur une autre composante : le désir de dominer absolument et d'exercer, non simplement une forme de puissance (qui pourrait être locale et ponctuelle), mais bien une *toute-puissance.* Or, on voit se déplacer au cours du

Moyen Âge la *plenitudo potestatis* de la définition du pouvoir papal (vicaire de la *plenitudo divinitatis*) vers le signe de la souveraineté royale, en même temps que la papauté se construit de plus en plus comme une royauté temporelle. Comme le remarque Ernst Kantorowicz, il y a un étrange chassé-croisé entre la papauté qui prend la forme d'une monarchie absolue et rationnelle sur une base mystique et l'État qui prend le visage d'une monarchie mystique sur une base rationnelle[1]. Le souverain récupère ainsi la toute-puissance accordée au pape ; il devient producteur de droit, non plus par rapport à une justice transcendante qui le dépasserait, mais en fonction de sa décision qui *détermine désormais le juste et l'injuste*[2]. Cependant, l'idée de toute-puissance accordée au souverain

---

1. Ernst KANTOROWICZ, « Mysteries of State », dans *Selected Studies*. Sur les débats théologiques à propos de la toute-puissance, voir *La puissance et son ombre : de Pierre Lombard à Luther*. Sous la direction de Olivier BOULNOIS, Paris, Aubier, 1994. Sur Hobbes, voir Luc FOISNEAU, « Le vocabulaire du pouvoir : potentia/potestas, power », dans *Hobbes et son vocabulaire : études de lexicographie philosophique*. Sous la direction de Y.-C. ZARKA, Paris, Vrin, 1992, p. 83-102.

2. « For where no Covenant hath preceded, […], no action can be Unjust. But when a Covenant is made, then to break it is Unjust : And the definition of INJUSTICE, is no other than *the not performance of Covenant*. And whatsoever is not Unjust, is Just » (Thomas Hobbes, *Leviathan*, I, 15, p. 202) ; « Law in general, is not Counsell, but Command […]. CIVILL LAW, *Is to every Subject, those Rules, which the Common-wealth hath Commanded him* […] *to make use of, for the Distinction of Right and Wrong ; that is to say, of what is contrary, and what is not contrary to the Rule.* […] The legislator in all Common-wealths,

rend disponible, pour chaque être humain, l'accès potentiel à cette toute-puissance, au moins comme désir. Du coup, lorsque les penseurs imaginent la formation de l'État, hors de toute transcendance, ils ne peuvent pas ne pas rapporter le désir de domination de chaque sujet à la volonté d'exercer la toute-puissance d'un souverain. Du coup, le conflit des puissances est manifeste et conduit à la création de l'État, soit par contrat et calcul rationnel des intérêts chez Hobbes, soit par dynamique interne et travail de l'imagination chez Pascal.

Enfin, quatrième schème, la guerre juste perd de sa qualité et devient un état de fait. En effet, pour la théologie médiévale, il est possible de légitimer la guerre, pour autant que deux camps s'y dessinent nettement, l'un juste et l'autre injuste. Mais une autre conception apparaît lentement que l'on trouve concrétisée dans l'ouvrage de Grotius, *Du droit de la guerre et de la paix* (1624). La guerre y devient l'état d'individus qui vident leurs différends par la force. En faisant de la guerre un *état* plutôt qu'une action et en allouant la détermination de la justice au souverain, on tend à rendre équivalents les opposants (chacun déclarant que la justice est de son côté puisque chaque souverain décide du juste et de l'injuste) et à faire de la guerre une

---

is only the Soveraign » (*ibid.,* II, 26, p. 312). « Ainsi on n'a pu donner la force à la justice, parce que la force a contredit la justice et a dit qu'elle était injuste, et a dit que c'était elle qui était juste. Et ainsi ne pouvant faire que ce qui est juste fût fort, on a fait que ce qui est fort fût juste » (Blaise PASCAL, *Pensées,* § 94).

instance régulière plutôt qu'exceptionnelle. Dès lors, cela permet de penser la guerre comme un état de fait, comme une régularité de la vie humaine. La guerre devient une instance originaire à partir du moment où l'égalité des hommes, dans leur désir de toute-puissance, les voue au conflit généralisé. On conçoit alors que ces divers éléments permettent justement l'invention de telles fables de l'origine de l'État (sans insister sur le fait que la naissance de la société prend forme justement sous la figure de la création d'un État : sans lui, il semble impossible de concevoir l'existence d'une société…).

La critique de la rationalité et la conception de la société comme conflit larvé, lutte armée ou guerre cachée suit en partie, chez Nietzsche, ces schèmes de pensée pascaliens[1]. À l'opposé du sujet de droit, régi par la souveraineté et le contrat social hobbesien, Pascal comme Nietzsche (on pourrait en dire autant d'un certain Marx) découvrent une tyrannie de fait sous la sujétion de droit, un rapport de forces incessant sous les figures pacifiées de la souveraineté, un partage de la société entre dominants et dominés là où tous les sujets semblent égaux sous l'œil protecteur de l'État. De l'égalité naturelle des hommes semble ainsi sortir tantôt la juste inégalité du souverain et de l'ensemble des citoyens qui permet justement à ceux-ci de vivre en paix, tantôt l'injuste inégalité des dominants et des

_____

1. Voir, par exemple, Friedrich NIETZSCHE, *Généalogie de la morale*. Traduit par I. Hildebrand et J. Gratien, Paris, Gallimard, 1971, II, § 17, p. 96.

dominés voilée par les multiples rationalisations de l'inégalité ou par les renvois illusoires à une égalité de droit.

LA VALEUR DE LA VIE

Le problème de la vie suit une autre évolution. La biologie antique était finaliste ; elle n'opposait pas le vivant à la nature, mais à l'artifice (Pygmalion est justement la figure par excellence de celui qui, sculpteur de l'artifice, tombe amoureux de son œuvre et parvient à obtenir qu'elle devienne animée). Pour Aristote, la vie est sa propre fin, elle épouse, en fait, la forme politique du vivant dans la cité (le *zôon politikon*) : l'homme de bien est celui qui sait demeurer dans la *praxis,* c'est-à-dire dans l'acte en tant qu'il est à lui-même sa véritable finalité ; alors que l'homme de l'échange participe de la *poiesis,* autrement dit de l'action de fabriquer un produit. Les deux sont nécessaires à la vie dans la cité, mais le véritable citoyen agit vertueusement parce qu'il trouve le bonheur dans l'acte vertueux lui-même, sans avoir besoin de récompense extérieure, sans produire ce qu'il fait comme si c'était une marchandise échangeable contre autre chose qu'elle-même. Si la vie est un acte qui trouve en soi sa vertu et sa finalité, elle peut demeurer heureusement bouclée sur elle-même, alors que la production suppose un mouvement et un processus qui n'offrent pas la perfection d'une impeccable clôture.

Pour les Grecs, le principe de vie se noue à lui-même dans la forme finie de l'acte, sauf lorsque l'on considère la vie de l'homme en mauvaise santé. Dans ce cas particulier, la vie n'est plus acte ; elle devient mouvement suivant le principe de conservation de l'être. C'est pourquoi Hippocrate et Galien, en tant que médecins, insistent sur cette vie-mouvement, tandis qu'Aristote valorise éminemment la vie-acte, le fond politique de la vie naturelle : sa propre fin et non le retour de la santé.

Or, en un retournement radical, c'est cette conception médicale qui va devenir une des principales composantes de la vie politique chez les Modernes. Hobbes explique les relations civiles entre les hommes par la nécessité de conserver leur vie : au lieu de replier l'existence sur elle-même, dans l'élégance d'un acte, pour lui donner une forme finie dans l'espace (pour les Anciens, la seule belle forme est toujours celle qui est close, achevée, à l'image du ciel bouclé sur lui-même), les Modernes comme Hobbes vont la déplier dans l'infini du temps, afin d'en suivre le mouvement incessant de déploiement. C'est pourquoi la conservation devient un principe essentiel, dans la mesure où la mort menace justement d'interrompre la parfaite ligne de fuite du vivant, alors que les Anciens avaient fait de la mort la possibilité du geste ultime qui venait clore la beauté d'une vie (d'où la possibilité de faire du suicide un acte magnifié, comme pour Socrate ou Lucrèce).

La manière pascalienne trouve encore, dans la gloire des signes de reconnaissance, un dispositif suffisant pour paraître abandonner l'absolue nécessité de se conserver en vie ; pourtant, c'est par folie et péché, que l'homme découvre dans l'épaisseur illusoire des signes l'oubli de la vie et la facilité de mourir. Hobbes et Pascal partagent bien le même souci du déploiement de l'existence ; ils articulent, sur ce fonds commun, les possibilités opposées.

En faisant de la vie un mouvement, la biologie prenait le relais de l'histoire naturelle tout en en bouleversant considérablement l'économie interne, puisqu'on ne pouvait plus clore la vie sur ses actes ni sur des représentations dont la taxinomie de la Renaissance avait encore prétendu rendre compte : il fallait s'enfoncer dans la densité obtuse du déploiement de l'existence et chercher sous la multiplicité des formes visibles l'unité inaperçue, l'énergie secrète qui en ordonnaient les déplace-ments. Pour les Anciens, l'acte vital exécuté pour lui-même décrivait immédiatement une unité aux regards de chacun ; pour les Modernes, la vie pro-duit de multiples actions dont l'unité organisatrice ne saurait plus être instantanément perceptible, sinon aux yeux des experts.

La vie ne permet alors plus à une forme de s'installer tranquillement sur la scène publique ; elle ne s'exprime plus qu'à travers des « formes de vie » dont le caractère précaire rend toujours hasardeuse la délimitation entre le vacillement empirique et la stabilité logique (comme nous le verrons avec Wittgenstein – et justement à propos d'un exemple sur le caractère biologique de la parenté). Comme le résume Michel Foucault, « à partir de Cuvier, c'est la vie dans ce qu'elle a de non-perceptible, de pure-ment fonctionnel qui fonde la possibilité extérieure d'un classement. Il n'y a plus, sur la grande nappe de l'ordre, la classe de ce qui peut vivre ; mais venant de la profondeur de la vie, de ce qu'il y a de plus lointain pour le regard, la possibilité de classer » ; ou encore : « la vie se retire dans l'énigme d'une force inaccessible en son essence, saisissable seulement dans les efforts qu'elle fait ici et là pour se manifester et se maintenir[1]. »

Au XIXe siècle, avec le darwinisme, se conjoignent profondeur énergique de la vie et rapports de force originels. Mais là où Darwin reconnaît que la sélection naturelle porte sur les individus, ses successeurs vont la faire reposer sur des groupes, des communautés, voire des espèces. Il faut dire que le darwinisme est né de la conjonction de la théorie de la sélection naturelle de Darwin et de la découverte des lois de l'hérédité par Johann Mendel (en 1865-1866), puis surtout par August Weissmann (en 1885-1890). L'énergie vitale se voyait ainsi prise dans l'économie de la reproduction humaine à partir de laquelle darwinisme social et eugénisme allaient pouvoir prospérer comme rationalisations scientifiques d'enjeux politiques.

Mais l'introduction du facteur race dans la profondeur énigmatique de la vie vient de plus loin. Il faut, en effet, rappeler que la « race », aux XVIe et XVIIe siècles, désigne avant tout le descendant, l'enfant, l'origine et moins souvent un groupe d'indivi-

---

1. Michel FOUCAULT, *Les mots et les choses : une archéologie des sciences humaines,* Paris, Gallimard, 1966, p. 280 et p. 285-286. Voir aussi André PICHOT, *Histoire de la notion de vie,* Paris, Gallimard, 1993.

dus présentant d'identiques caractères biologiques. L'être racé est en fait de bonne race, ce qui, avant les guerres de religion en France, sonne comme le signe d'un homme de bien. La conception médié-vale et renaissante tient, en effet, la noblesse pour équivalente à la profession des armes et à la vertu. Avec les guerres civiles et les turbulences morales qu'elles suscitent, il semble que la noblesse se défi-nisse de plus en plus comme un héritage du sang plutôt que comme l'exercice naturel d'une vertu[1]. Du coup, tous les hommes ont également droit aux vertus (cela dépendra désormais de leur éducation et de leur culture), mais l'inégalité sociale flagrante de la noblesse de sang doit reposer sur un héritage génétique qui sera de plus en plus contesté par son arbitraire. C'est donc sur le fond de ce nouveau régime de l'égalité naturelle et de l'inégalité sociale que reposent aussi les schèmes de pensée de l'ori-gine des sociétés.

Ce lien conflictuel entre égalité naturelle et héri-tage du sang va permettre d'articuler une nouvelle opposition politique. Dans la confiscation crois-sante des pouvoirs locaux (en particulier nobiliaires) par l'État, l'opposition à la domination du souverain se traduit quelquefois par la mise en scène d'une « guerre des races ». Contre l'histoire officielle qui chante les louanges des souverains et leur légitimité originelle à exercer le pouvoir, les nouveaux exclus

---

1. Voir Ellery SCHALK, *L'épée et le sang : une histoire du concept de noblesse (vers 1500-vers 1650)*. Traduit par C. Travers, Seyssel, Champ Vallon, 1996 [1986].

écrivent une histoire des secrets exhibés, des impostures dévoilées, des légitimations usurpées, par où un groupe l'a emporté sur un autre par la force et entendrait le faire oublier. Le schéma de l'origine de la société que l'on trouve chez Pascal est exactement celui que suivent ces tenants de la « guerre des races[1] ». Comme le dit Michel Foucault,

> au prix d'un transfert qui a été celui de la loi à la norme, du juridique au biologique ; au prix d'un passage qui a été celui du pluriel des races au singulier de la race ; au prix d'une transformation qui a fait du projet d'affranchissement le souci de la pureté, la souveraineté de l'État a investi, repris en compte, réutilisé dans sa stratégie propre le discours de la lutte des races. La souveraineté de l'État en a fait ainsi l'impératif de la protection de la race, comme une alternative et un barrage à l'appel révolutionnaire, qui dérivait, lui-même, de ce vieux discours des luttes, des déchiffrements, des revendications et des promesses[2].

C'est ainsi que le racisme biologique peut être porteur d'une nouvelle forme de légitimité pour des États ou des groupes qui aspirent à prendre le pou-

---

1. Faut-il rappeler que cette idée d'une « guerre des races » a été utilisée par des hommes politiques canadiens-français à la fin du XIXe siècle ou au début du XXe siècle pour comprendre la situation issue de la conquête et légitimer leurs revendications, voire leurs luttes ?

2. Michel FOUCAULT, « *Il faut défendre la société* ». *Cours au Collège de France (1975-1976)*, Paris, Gallimard, Seuil, 1997, p. 71.

voir. À partir du moment où la vie est l'ordre intime des êtres qu'il faut absolument protéger, l'État apparaît comme le garant de la sécurité de tous et de l'existence de chacun. Mais l'herméneutique moderne qui naît au XIXe siècle s'édifie aussi à partir de ces registres biologiques, de la profondeur énigmatique de la vie, et politiques, du déchiffrement des légitimations imaginaires.

*

Voici trop brièvement esquissées les données nécessaires à la compréhension de l'esprit fasciste si l'on décide de le circonscrire à ces questions (déjà immenses, comme on le voit) de la vie et du rapport de forces. La conjoncture de la seconde moitié du XIXe siècle a sans aucun doute ramassé ces divers schèmes de pensée et c'est bien dans leur enchevêtrement que tâche de se faufiler la philosophie de Nietzsche. Il est ainsi compréhensible que Nietzsche ait pu jouer parfois les cartes de l'Antiquité grecque, dont il est un philologue averti, ou de l'imaginaire nobiliaire pour mieux résister à ces schèmes modernes du rapport de forces originaire. Mais il joue aussi avec les cartes que la modernité lui alloue. Une exégèse attentive, patiente et fine, qui réclamerait donc des commentaires scrupuleux (hors du désir de Vacher), devrait ainsi commencer par situer la pensée nietzschéenne dans ces schèmes de pensée et saisir, mot à mot, comment il les détourne, comment il se les approprie ou comment il y cède.

V

LA PHILOSOPHIE
ET LA QUESTION DU STYLE

Il serait possible de prétendre que ces configurations historiques, que ce soit en amont ou en aval, ont certes leur importance, mais que la philosophie nietzschéenne en travestit de toute façon les enjeux dans un style qui en obscurcit les composantes. Il deviendrait donc plus important de démonter les pièges langagiers de Nietzsche afin de repérer, sous l'enveloppement des figures de style, des conceptions triviales et ne pas voir « des idées sublimes et insondables là où il n'y avait en réalité que des opinions relativement prosaïques et banales, simplement enrobées dans une extraordinaire prose idéaliste et "philosophique", d'allure aussi grandiose qu'imprécise » (p. 15-16).

On pourrait, bien sûr, s'inquiéter du fait que les opinions banales dont parle Laurent-Michel Vacher de façon si anodine sont, au moins à ses yeux, des opinions fascisantes, mais ce serait encore poser le problème à la manière d'une histoire des idéologies et enquêter sur la banalisation, dans la seconde moitié du XIXe siècle en Allemagne, de conceptions proto-fascistes. Laissons donc ce propos de côté puisque nous avons eu l'occasion de voir combien l'historicité des phénomènes importait peu au propos de Laurent-Michel Vacher.

La prose grandiose et imprécise de Nietzsche s'avérerait ici et là assez claire pour être aisément déchiffrée. Pourquoi est-elle claire ici et obscure là ? En vertu de quelle stratégie de discours ? Pourquoi ne pas être clair tout le temps ? Et pourquoi, après tout, l'être quelquefois plutôt que de ramasser les bénéfices de l'obscurité systématique ? Laurent-Michel Vacher ne s'interroge pas sur ces points, mais il est sans doute possible d'imaginer qu'il verrait, chez Nietzsche, une volonté de truquer le jeu philosophique et de voiler sous de hauts mystères des énoncés parfaitement transparents qui deviendraient, à leur tour, susceptibles d'analyses dont la subtilité serait inversement proportionnelle à l'évidence de leur sens. D'où ce principe : *ne déchiffrons pas ce qui est obscur puisque cela n'en vaut pas la peine et ne déchiffrons pas non plus ce qui est clair puisque c'est clair.* Il n'est donc plus besoin d'avoir des experts en décryptage, de simples présentateurs feront amplement l'affaire. C'est ainsi qu'un texte philosophique (bien choisi) pourra passer au journal télévisé.

Il n'est donc pas, pour Laurent-Michel Vacher, de « style de la clarté », la clarté s'impose d'elle-même, toute seule, sans médiation et le langage y est impeccablement transparent à lui-même. Ce qui se conçoit bien s'énonce clairement et les pensées pour le comprendre viennent aisément. En prenant « au pied de la lettre » ce qui est écrit, on accéderait sans problèmes à la vérité de l'énoncé : le figural ne serait qu'un obstacle étriqué à la floraison mentale du littéral (s'il peut exister quelque chose comme une « floraison mentale »...).

Ce mythe d'une transparence stylistique est connu. La modernité philosophique y a fondé tout un rapport à la présence immédiate des idées et une libération des présupposés rhétoriques de la scolastique (ou pire, de la sophistique). Il n'est pourtant pas évident que ce lieu commun soit autre chose qu'un préjugé. La disqualification de philosophies au style trop travaillé, trop avantageux, trop élégant, est le fait d'une certaine rationalité idéaliste plus encore que positiviste qui aimerait que les mots ne fussent pas si encombrants. La synonymie, l'équivocité, la figuralité semblent insupportables à cet idéalisme de la langue. Le style avance alors comme un contrepoint dans la longue fugue du discours philosophique. Apparaît-il un peu qu'on l'écarte aussitôt comme un être mal élevé qui fait trop de bruit en mangeant. Le style serait l'impolitesse de la philosophie. Ce n'est pas de prudence que l'on fait preuve ainsi, cette prudence estimée des Anciens, mais bien de pruderie.

Il n'est pas possible de disqualifier la réflexion nietzschéenne sous le prétexte qu'elle « enroberait » sournoisement des opinions triviales sous de belles phrases, car c'est un déni pur et simple du rapport même au langage. Là encore, il vaut la peine de comprendre d'où vient ce préjugé et comment il s'est construit afin de mieux situer Nietzsche et l'usage qu'il fait d'un style aussi particulier. Mais il ne faut surtout pas le concevoir à l'aune d'une simple instrumentation : Nietzsche ou d'autres philosophes ne se sont pas servis des ressources du style pour faire passer un message, mais ont octroyé à la question du style une véritable dignité philosophique. Ce sont les critiques du style en philosophie qui le ramènent à un statut instrumental.

LA QUESTION DU STYLE ET L'UNIVERSEL SINGULIER

Pour penser la question du style, trois cheminements rivaux s'offrent à nous. D'une part, on peut décider de soumettre les textes philosophiques à des procédures et à des outils d'analyse étrangers à la philosophie et mis au point sous la bannière indécise de la stylistique (ce qui oscille entre rhétorique, linguistique, poétique, génétique et théories de la réception), en partant du principe qu'après tout les textes philosophiques sont *aussi* des textes. D'autre part, on peut considérer qu'ils ne sont pas seulement *aussi* mais *d'abord* des textes, ce qui implique que les modalités stylistiques contraignent ou informent les discours philosophiques, et l'on tente alors, sous la pression de cette « information » des philosophies par les styles, de transformer les outils d'analyse étrangers à la philosophie afin de penser « philosophiquement » le style des philosophes. Enfin on peut prendre décidément au sérieux la question du style et tenter dès lors d'élaborer une philosophie du style, ou au moins une philosophie qui thématise explicitement la question du style, qui en fasse un moment de son propre développement.

De ces trois possibilités, qui ne s'excluent pas, même si elles se combattent, on voit que la première donne à l'analyse stylistique un statut secondaire et accessoire, sans véritable portée philosophique, que la seconde met une pression plus forte sur l'enjeu philosophique du style, mais qu'elle réclame en fait la troisième pour asseoir ses propres analyses. C'est donc directement l'hypothèse la plus forte qu'il faudrait désormais faire chanter comme une basse continue de la réflexion si l'on entend poser philosophiquement la question du style.

Or là, les problèmes surgissent rapidement dans la mesure où l'histoire de la philosophie apparaît comme une longue *résistance* à la question du style, comme si, aux yeux de nombre de philosophes, le style ne pouvait être approché que sous « l'apparence parfumée d'ellipses d'oiseaux insaisissables », ainsi que le formule René Char dans *Commune présence*. D'un côté, le style ressemble au vêtement importun d'une vérité que le philosophe aspire à montrer nue, d'un autre côté, il fait tomber tout le poids du sens sur l'individualité d'une parole dont la prétention à parler pour l'éternité et au nom de l'universel apparaît dès lors voisine de l'outrecuidance, sinon de la démence. Même si l'on est prêt à reconnaître l'ancrage immanquablement historique et biographique de toute prise de parole, il n'en demeure pas moins qu'un geste constant des philosophes est de rechercher une vérité des discours qui ne soit pas, de part en part, soumise au relativisme de l'histoire. Or, les propriétés du style, comme le fait remarquer avec intérêt Nelson Goodman, « help answer the questions : who ? where ? when[1] ? » – questions qui ne résonnent pas, semble-t-il, d'une grande portée philosophique (si ce n'est chez des penseurs comme Nietzsche justement).

Peut-être, afin de lui donner une dignité philosophique, suffirait-il alors de changer de « style » et de le comprendre de la manière suivante : « le style n'est donc ni le particulier pur, ni l'universel, mais un particulier en instance d'universalisation, et un universel qui se dérobe pour renvoyer à une liberté singulière[2] ». On retrouverait là un terrain familier à la philosophie s'il ne fallait prendre en compte, encore une fois, la dimension historique du concept de style et retrouver, dans le chiasme élégamment imaginé par Jean Starobinski à propos de Goethe, deux conceptions qui se sont succédées et entremêlées au cours des siècles. En effet lorsque Aristote parle de la *lexis* ou Cicéron et Quintilien de l'*elocutio,* ils ne l'entendent pas comme le jaillissement spontané de la parole individuelle, mais comme une norme sociale, une convenance des mots, des sujets abordés, de la position sociale du locuteur et de ceux auxquels il s'adresse : ce sont des orages transparents et non des tempêtes sous un crâne. Les styles sont des codages linguistiques et gestuels, des codes sémiotiques qui témoignent

---

1. Nelson GOODMAN, « The Status of Style », *Critical Inquiry*, juin 1975, p. 807.
2. Jean STAROBINSKI, préface à Léo SPITZER, *Études de style,* Paris, Gallimard, 1970, p. 23.

de la bonne transmission des pensées. Les styles sont grégaires. Ils fonctionnent comme des effets de vérité, ou plus précisément comme des *mises en scène adéquates de la vérité*. Les styles apparaissent certainement comme porteurs d'hétérogénéité, mais, dans la mesure où ils opèrent au sein d'une société qui en mesure et en ordonne les effets, ils permettent à la vérité de la pensée et à la pensée de la vérité d'être mises à jour et transmises.

À partir du moment où ce rapport immédiatement social au langage se tord, se déforme et se disjoint, dans les temps modernes, on va tenter d'instituer dans les sujets eux-mêmes l'homogénéité et le sens d'une identité que la communauté jusqu'alors assurait, et l'on va faire du style une affaire de personne. Le style n'est plus la parole commune des êtres, c'est désormais le balbutiement furtif d'un vivant. Là où le style flânait sur les chemins de l'identité collective, il se fraye maintenant un passage étroit, solitaire dans la forêt hostile du social. D'où l'idée que le style révèle l'intimité secrète d'un sujet, sa singularité la plus immédiate et donc aussi, quelque part, son originalité, la fraîcheur qu'il sait donner aux tournures anciennes du langage.

Au XVIIᵉ siècle les deux options sont encore à peu près à égalité, mais l'option subjective va peu à peu l'emporter. Même si dans l'*Esthétique* de Hegel les deux sens sont juxtaposés (Hegel cite Buffon : « le style c'est l'homme », et glose à contresens « ce par quoi se révèle la personnalité du sujet », tout en rapportant aussi des « lois du style¹ »), même si encore aujourd'hui, lorsque nous disons de quelqu'un qu'il a « du style » ou qu'il est « stylé », nous présupposons une dimension sociale et conventionnelle du style (de même si nous parlons d'un style bohème ou BCBG), c'est plutôt au surgissement irréfléchi d'un moi dans le discours que nous pensons lorsque nous parlons de style. Ce qu'au XVIIᵉ siècle on tente de juxtaposer tant bien que mal, se noue et s'entremêle dans la définition qui sourd des conceptions de Goethe.

À compter du XVIIᵉ siècle le style apparaît de moins en moins comme le déploiement adéquat de la pensée, il trahit le sujet : il le trahit en faisant de ses pensées des mots (« *words, words, words...* », répète Shakespeare) et il le trahit en révélant sa constitution intime sans même qu'il le veuille, de façon totalement irréfléchie. C'est bien contre cette irréflexion que lutte Descartes, pour ramener la pensée à elle-même, c'est-à-dire en deçà des mots, comme s'il était devenu nécessaire de disjoindre pensée et langage à partir du moment où l'on participe d'une « désontologisation » du langage (ainsi que Michel de Certeau la nomme), autrement dit, à partir du moment où langage et être apparaissent incommensurables. Si le style trompe, si la manière d'user des mots prive la vérité de son possible déploiement, c'est qu'ils ne partagent plus fondamentalement le même socle que la pensée : le

---

1. G.W.F. HEGEL, *Esthétique*. Traduit par S. Jankélévitch, Paris, Flammarion, vol. I, 1979 [1835], p. 367-368.

langage est un code que la rhétorique ordonne et configure d'autant plus nécessairement qu'il n'orchestre plus une immédiate plénitude de l'être (j'y reviendrai dans le dernier chapitre).

À force de rabattre le langage sur son code, sa valeur n'apparaît plus qu'au moment où le code s'incarne, jusqu'à sa négation, dans la singularité d'une voix. Mais, à l'âge classique, cela a pour conséquence d'envelopper le pittoresque des paysages privés que le style dessine dans le sac, oh combien compromettant, des passions. Malebranche, par exemple, dans un chapitre assassin sur Montaigne, généralise sa critique :

> tous les divers styles ne nous plaisent ordinairement qu'à cause de la corruption secrète de notre cœur [...] c'est une certaine intelligence pour ce qui touche les sens, et non par l'intelligence de la vérité, qui fait que certains auteurs nous charment et nous enlèvent comme malgré nous[1].

Le style fait figure de condamné parce qu'il verse tout entier du côté des sens et des passions. Amalgamé à la singularité du sujet, il ne dépend plus de la voix universelle de la raison puisqu'il ne participe plus du sentiment de la communauté. Le style, à s'articuler de plus en plus sur l'individualité d'une parole, apparaît comme socialement insoluble dans un temps qui ne se fonde pas encore sur une

---

1. MALEBRANCHE, *Recherche de la vérité*. Édition préparée par Geneviève Rodis-Lewis, Paris, Gallimard, « Bibliothèque de la Pléiade », t. I, 1979 [1674], p. 276.

authentique « société des individus » (comme la nomme Norbert Elias) et qui n'est déjà plus adéquate à une communauté traditionnelle. Le style n'est plus « socio-dégradable ».

Le grand philologue Erich Auerbach remarque, dans *Mimésis*, que le style intermédiaire, où se fond gravité tragique et réalisme, au XVIIIe siècle, rend tout à coup ces anciennes codifications stylistiques (le style sublime d'un côté, et le style bas de l'autre) éminemment « frivoles[1] ». Il en va de la sorte justement parce que ces styles apparaissent brusquement comme des codes que ne soutient plus une immédiateté qui les transfigurait jusque-là en nécessité. Ce n'est donc guère un hasard de voir comment, dans la science moderne, l'ancien langage figural, alchimique est rejeté. On rompt avec lui, non seulement parce qu'il tournait les visages de l'expérience en figures de style, mais surtout parce qu'il favorise de répréhensibles connotations sexuelles. La volonté de savoir ne doit pas parler dans la langue du désir : voir la vérité « nue », sans doute, mais sans passion sexuelle. C'est que le style semble toujours surnuméraire ; il vient fausser la monnaie des échanges. Le langage devient alors de plus en plus voué à l'expression : il exprime, jusqu'à les trahir, la pensée ou les sentiments. Il faut qu'il soit expressif (Rousseau) – et dans la stylistique moderne, Bally assigne encore le style à l'expression d'un affect.

---

1. Erich AUERBACH, *Mimésis : la représentation de la réalité dans la littérature occidentale*. Traduit par Cornélius Heim, Paris, Gallimard, 1984 [1946], p. 400-401.

Pourtant, dès le début du XIXe, se met en place un nouveau rapport entre pensée et langage : chez Humboldt, la langue n'est pas expression statique d'une perception ou pensée déjà constituée, mais principe dynamique de la pensée, *Weltanschauung* (conception du monde) propre à chaque peuple. Mais c'est surtout Kierkegaard qui déprend la philosophie de sa sédimentation parménidienne (où être et penser se conjoignent) : « Dieu ne pense pas, il crée. Dieu n'existe pas, il est éternel. L'homme pense et existe, et l'existence sépare la pensée de l'être et les tient à distance l'un de l'autre », d'où le fait que « l'existence n'est pas sans pensée, mais dans l'existence la pensée se trouve dans un *medium* étranger[1] ». Le style, alors greffé comme un lierre au mur de l'existence, se voit débarrassé aussi de son lien exclusif à l'expressivité :

> La forme de la communication est quelque chose d'autre que son expression. Quand la pensée a trouvé, dans le mot, son expression verbale correcte, résultat qui est atteint par la première réflexion, alors vient la seconde réflexion[2].

Celle-ci porte sur le rapport même de la communication à l'émetteur et elle restitue le propre rapport de l'émetteur existant à l'idée.

---

1. Sören KIERKEGAARD, *Post-Scriptum aux miettes philosophiques*. Traduit par Paul Petit, Paris, Gallimard, 1949, p. 222-223.
2. *Ibid.*, p. 50.

Le style n'est plus alors cet étiquetage des sentiments ou des concepts, mais l'élément même du rapport que chaque sujet entretient avec ce qu'il dit et ce qu'il est. D'où, pour Kierkegaard, le fait que « la forme du penseur subjectif, la forme de sa communication, c'est son style[1] » ; ce qui permet de lutter donc contre l'imposture de la médiation autant que contre les illusions de l'immédiateté. Si le style autorise cela, c'est qu'il ne cherche pas uniquement à se faire oublier dans une transparence familière pour mieux laisser apparaître ce qui est communiqué, ni à égarer tout un chacun dans la nuit épaisse des formes « où tout les chats sont gris », comme dit Hegel. De la même façon que la lumière, pour rendre visible, a besoin de tout un étagement d'ombres, il y a comme une nécessité de l'opacité du style, de cette ombre portée de la singularité sur l'écriture du vrai. Le style n'est plus ce qui doit disparaître, ce qu'il faudrait oublier pour que la communication du message ait lieu, mais au contraire c'est le lieu par où la pensée apparaît dans le *medium* étranger de l'existence. Le style fait alors effet de *communication indirecte* car, pour Kierkegaard, une illusion ne peut être détruite directement.

Le style, plié qu'il est entre convention, norme sociale (médiation) et irréflexion du moi singulier (immédiateté), joue comme un coin enfoncé entre pensée et être (un coin qui joint aussi et sur lequel repose l'architecture). Il est ce qui fait *travailler*

---

1. *Ibid.*, p. 240.

l'identité parménidienne être-penser. Prometteuse paraît alors l'assignation du style à une « valeur-travail », comme l'exprimera Gilles-Gaston Granger dans son *Essai d'une philosophie du style*. Non plus seulement usage des mots du monde ou pastiche de soi, le style est à la fois l'identité singulière d'un individu, ce qui tient en lui et de lui, et ce qu'il produit de vrai. Comme l'affirmait Hölderlin, dans sa célèbre lettre à Casimir Böhlendorff, « ce qui nous est propre, il faut l'apprendre tout comme ce qui nous est étranger[1] ».

Le style va consister dans cet apprentissage de soi, dans les moyens de focaliser et figurer le propre, au moment où le sens de l'éducation humaine dérive depuis l'idée de marque et d'empreinte qu'il faut laisser sur les êtres pour en faire rituellement des hommes vers la valeur de croissance biologique, de génération par où il ne faut plus que révéler ce qui est toujours déjà présent en chacun et qui assure sa marque et son empreinte dans le social. C'est aussi le moment où la littérature devient la clef positive du style, puisque c'est là que la singularité d'une écriture comme d'un style de vie peut être exemplairement travaillée. La communication étant, par ailleurs, de moins en moins portée par une tradition immédiatement distribuée, les écrivains deviennent des experts du style, ceux qui savent justement exprimer les sentiments de

---

1. Friedrich HÖLDERLIN, *Œuvres*. Sous la direction de Philippe Jaccottet, traduction des lettres par D. Naville, Paris, « Bibliothèque de la Pléiade », 1989, p. 1003.

chacun : là où tout le monde surexpose ou sous-expose les clichés de son existence, le littérateur, en bon technicien du style, sait trouver les dégradés de lumière et d'ombre où s'ancre la vérité des affects.

De là cette confusion de langage lorsque l'on fait de certains philosophes comme Kierkegaard ou Nietzsche des « philosophes-écrivains ». Ce n'est pas parce que, historiquement, le style s'est vu assigné à la littérature nouvellement institutionnalisée que les pensées attentives à la dimension du style doivent aussitôt être versées au compte courant de la littérature ou de la poésie : c'est bien la manière la plus expéditive de se débarrasser du problème (ainsi que le répète au passage Laurent-Michel Vacher en faisant de Nietzsche un possible poète pour mieux le présenter comme un impossible penseur).

LES STYLES DE PENSÉE

C'est que, depuis le milieu du XIXe siècle, il y a eu, pour le langage, libération de sa vocation à exprimer (assignée désormais au biologique, à la Vie[1]), d'où l'attention portée à l'*avoir-lieu* du langage : Frege, Peirce, Mallarmé, chacun dans des voies différentes, explorent justement ces nouveaux

---

1. C'est ce que soulignent Claudine HAROCHE et Jean-Jacques COURTINE : « l'expression humaine est à présent saisie à partir de l'observation expérimentale, mais dérivée aussi d'un continuum qui met l'homme en rapport avec son origine animale : au principe même de l'expression des émotions, on ne trouve plus le langage mais l'organisme » (*Histoire du visage,* Paris, Rivages, 1988, p. 270).

possibles. Et c'est bien dans cette constellation de penseurs qu'il faut inscrire les ressources que Nietzsche trouve dans le style.

Pour continuer jusqu'à nous, on voit encore que les débuts officiels de la stylistique consonnent avec l'espoir de « relier l'expression à la pensée » comme le souhaitait Bally, un élève de Saussure. À partir du moment où la vie devient ce qu'il faut avant tout exprimer, le langage n'a plus à être « stylé », il passe en deçà de la forme, ainsi que « l'exprime » Georg Simmel, dans sa *Philosophie de la modernité,*

> la vie ressent *la forme en tant que telle* comme quelque chose qui lui est imposé, et veut briser la forme en général et pas seulement telle ou telle forme, et la résorber dans son immédiateté, pour se mettre elle-même à sa place, pour laisser s'écouler sa propre force. [... Ce] n'est plus le conflit de la forme que la vie investit actuellement contre la forme ancienne devenue sans vie, mais le conflit de la vie contre la forme en général, contre le principe de la forme. [...] Les hommes qui ont un sens strict du style, ont raison quand ils se plaignent de « l'absence de forme » qui augmente de tous les côtés dans la vie moderne[1].

En deçà de la médiation de la forme doit sourdre et bientôt surgir l'énergie de la vie. Les seuls styles encore autorisés sont ceux qui parviennent à se tenir au diapason de la vie. Mais alors la question

---

1. Georg SIMMEL, *Philosophie de la modernité*. Traduit par Jean-Louis Vieillard-Baron, Paris, Payot, t. II, 1990 [1918], p. 232.

de la « présentation » (comme la nomme Walter Benjamin dans sa préface au *Drame baroque*) s'impose au cœur du dispositif de pensée philosophique. On l'entrevoit déjà chez Kierkegaard ou Nietzsche, cela devient évident chez Frege ou Husserl, Heidegger ou Wittgenstein, Derrida ou Goodman.

Pour qu'une quelconque signification ait lieu, il faut que la voile hissée du style ait pris le vent de la vie. Ce qui bouleverse l'ancienne ordonnance entre parole et pensée. Merleau-Ponty par exemple : « Les opérations expressives se passent entre parole pensante et pensée parlante et non pas, comme on le dit légèrement, entre pensée et langage[1]. » Aussi peut-il affirmer : la parole

> ne choisit pas seulement un signe pour une signification déjà définie, comme on va chercher un marteau pour enfoncer un clou ou une tenaille pour l'arracher. Elle tâtonne autour d'une intention de signifier qui ne dispose d'aucun texte pour se guider, qui justement est en train de l'écrire[2]

---

1. Maurice MERLEAU-PONTY, *Signes,* Paris, Gallimard, 1960, p. 26. Au même moment Émile Benveniste note que « la forme linguistique est donc non seulement la condition de transmissibilité, mais d'abord la condition de réalisation de la pensée. Nous ne saisissons la pensée que déjà appropriée aux cadres de la langue » (« Catégories de pensée et catégories de langue », dans *Problèmes de linguistique générale,* I, Paris, Gallimard, « Tel », 1982 [1966], p. 64.).

2. Maurice MERLEAU-PONTY, *La prose du monde.* Édition préparée par Claude Lefort, Paris, Gallimard, « Tel », 1992 [1969], p. 64.

– conclusion : « l'homme et la signification se dessineront sur le fond du monde justement par l'opération du style[1] ».

On pourrait en rapprocher une remarque de Wittgenstein à propos de ce qui fonde la « nécessité » de tel thème musical :

> N'est-ce pas comme si, pour nous, il fallait qu'un modèle pour ce thème existât dans la réalité ? [...] Et cependant il n'*existe* justement aucun paradigme en-dehors du thème. Et cependant il *existe* de nouveau un paradigme en-dehors du thème ; je veux dire le rythme de notre langue, de notre pensée et de notre sensibilité. Et le thème est en outre à son tour une *nouvelle* partie de notre langue [...]. Le thème est en interaction avec la langue[2].

Cependant ; on voit combien Merleau-Ponty joue avec les cartes biseautées de l'originaire :

> Il y a lieu, bien entendu, de distinguer une parole authentique, qui formule pour la première fois, et une expression seconde, une parole sur des paroles, qui fait l'ordinaire du langage. Seule la première est identique à la pensée[3].

Et Merleau-Ponty de ramener langage et pensée à la grande source originaire de la poésie (la *Dichtung*), cherchant même obstinément, à la fin

---

1. *Ibid.*, p. 83.
2. Ludwig WITTGENSTEIN, *Remarques mêlées*. Traduit par Gérard Granel, Mauvezin, TER, 1984, p. 64.
3. Maurice MERLEAU-PONTY, *Phénoménologie de la perception,* Paris, Gallimard, « Tel », 1989 [1945], p. 207, note 2.

de la *Phénoménologie de la perception,* un *cogito* tacite sous le *cogito* parlé, alors que tout le travail de Wittgenstein consiste à rasseoir poésie aussi bien que pensée dans le courant du langage ordinaire.

Dans le flux du langage qui nous emporte tous, le style est notre assiette singulière. C'est pourquoi la philosophie, pour Wittgenstein, est d'abord style de pensée, et surtout nouvelle assise à trouver dans un autre style : « Changer le style de pensée, c'est ce qui compte dans ce que je fais, et persuader les gens de changer leur style de pensée[1] ». Le billet de la vérité doit alors, pour être valide, passer au poinçonnage de la subjectivité – et non l'inverse. Mais cette subjectivité n'est pas ce qui s'oppose irréductiblement au collectif, comme si désormais chacun pouvait ou devait décider du vrai et donc nier toute communauté d'accord. Comme l'indique l'exemple du thème que note Ludwig Wittgenstein, sa nécessité, le fait qu'il sonne juste et vrai, provient bien d'une décision individuelle, cependant une telle décision ne se prend que sur le fond commun de savoirs et de pratiques (à commencer par l'adhésion à la possibilité et à la nécessité de prendre des décisions), qu'elle peut aveuglément suivre ou remettre en cause, mais dont, de toute façon, elle est issue et auquel elle apporte un nouveau geste, un nouveau rythme, une nouvelle assise. Affirmer que

---

1. Ludwig WITTGENSTEIN, *Leçons et conversations sur l'esthétique, la psychologie et la croyance religieuse.* Textes établis par Cyril Barrett d'après les notes de Yorick Smythies, Rush Rees et James Taylor, traduit par Jacques Fauve, Paris, Gallimard, 1971, p. 65.

penser, c'est toujours mettre à l'épreuve un style de pensée, n'engendre ni relativisme désespérant, ni exaspérant scepticisme, ni simple rapport de forces des interprétations.

À souder ainsi médiation et immédiateté, opacité et révélation, réseaux catégoriels de la langue et singularité des corps, propre et altérité, surgissement soudain et travail appliqué, le style noue aujourd'hui la philosophie à son historicité, l'universel d'une parole à ses états singuliers, comme dans ces solutions sursaturées où il suffit d'un choc, même minime, pour qu'elles cristallisent. Si la philosophie est une expérience de la vérité, alors une philosophie du style se doit de mettre l'accent, de faire porter le poids du sens sur l'expérience plus que sur la vérité, sur la transmissibilité plus que sur le transcendantal de la vérité – d'où une pensée de l'indirection, des formes de vie et des styles de pensée, dans ces petites situations où l'empirique cristallise en *a priori*.

C'est pourquoi il paraissait judicieux ici de proposer une réflexion sur le style arrimée à son historicité : non pour les privilèges et les avantages stylistiques de l'histoire des concepts, mais afin d'appréhender (même fugitivement, car la vitesse est aussi affaire de style) les styles de pensée, historiquement joués, sur le grand échiquier de la philosophie. Prendre au sérieux aujourd'hui une philosophie du style consiste d'abord à tenir le pari de l'histoire, autrement dit à renoncer à la philosophie comme transmission de la vérité, mais à l'épouser comme vérité de la transmission.

Les jeux du style ne sont donc pas un obstacle à la communication philosophique ; ils en sont les indispensables configurations : pas simplement un *médium* par lequel il faudrait bien passer, puisque nous ne pouvons communiquer sans langage et qu'une langue n'est jamais parfaitement transparente, mais un *médium* dans lequel se glisse déjà un partage des sens (si l'on veut bien entendre les deux sens du « partage » : ce qui est en commun et ce qui est réparti de façon séparée). Il est possible d'être plus ou moins rétif à des styles, qu'ils soient d'écriture ou de pensée : on peut préférer la densité conceptuelle de Kant, la rigueur humoristique de Russell, l'élégance précise de Bergson, les dialogues ironiques de Platon, les traités démonstratifs de Leibniz, les cours structurés de Hegel – car la philosophie est aussi affaire de goût –, mais on ne saurait déprendre chacun de la logique de son mode de présentation. Le style n'est pas la traduction éphémère d'idées savantes, qui en enroberait ou en déroberait les principes, contrairement à ce qu'implique Laurent-Michel Vacher, mais participe pleinement de ce travail des idées. Par conséquent, disqualifier sommairement Nietzsche sous prétexte qu'il fausserait le beau jeu de la pensée par le marteau de son style ne saurait constituer une critique philosophique digne de ce nom.

En prenant à la lettre tout ce qui semble clair, on ne parvient qu'à ignorer le véritable travail de la pensée dans la langue. Laurent-Michel Vacher semble croire encore que la langue est un simple étiquetage d'objets et d'événements dans le monde et qu'il suffit de s'en tenir aux constructions littérales du sens pour adosser ce qui est énoncé au solide mur de la vérité. Mais il en va de ce mur comme de celui auquel s'adosse Harpo dans *Une nuit à Casablanca* des Marx Brothers : un policier qui ne supporte pas, comme tout policier, les êtres oisivement stylés lui ordonne de déguerpir, mais Harpo lui fait comprendre à coups de sifflets et de sourires amicaux qu'il ne peut pas, le policier, devant cette éloquence muette, le chasse alors par la force en lui criant, avec ce qu'il croit être un summum d'humour, qu'il ne soutient quand même pas le mur et, bien entendu, le mur s'écroule dès que Harpo s'enfuit. Sans les sourires muets du style, la vérité s'effondre dès qu'un policier de la pensée vient exercer son office aveugle.

Pour le dire de manière plus savante, en suivant le beau texte de Laurent Jenny,

> la langue n'est pas seulement un espace de mémorisation et de stockage des traces, qui autorise la reprise, c'est aussi, et du même coup, un espace de délimitation et d'écartement, où se fonde toute ouverture, et qui peut toujours être rouvert et redisposé. Le figural engrène l'un sur l'autre la représentation de l'écart linguistique et la représentation de ce qui « s'ouvre ». Il garantit la possibilité de référer à un monde en devenir (c'est-à-dire à un monde réel) non sur le mode d'un étiquetage fini, mais en tant qu'il s'y produit quelque chose[1].

1. Laurent Jenny, *La parole singulière*. Préface de Jean Starobinski, Paris, Belin, 1990, p. 27.

C'est pourquoi les singularités de l'histoire sont toujours liées aux dispositifs figuraux du style : la littéralité n'en est qu'une des manières et non le strict opposé. Si l'on entend bien parler du monde réel, autrement dit du monde en devenir, là où il se produit effectivement quelque chose dans l'enchevêtrement de la trame de l'histoire, dans les multiples situations du quotidien, alors l'attention à la figuralité du langage, aux dramaturgies nécessaires du sens, impose de prendre l'énonciation claire ou la lecture littérale comme *des manières parmi d'autres* de mettre en scène et d'*ouvrir* le lecteur aux vérités de l'instant.

VI

HISTOIRE DE LA PHILOSOPHIE
ET HISTOIRE INTELLECTUELLE

Je viens de parler de « vérités de l'instant » : est-ce à dire qu'il n'existerait de vérité que circonstancielle, incapable de franchir durablement le seuil du moment ? Que serait une vérité incapable de valoir pour autre chose que le mince présent dans lequel elle vit ? Le danger de cette conception stylistique de la philosophie ne réside-t-il pas dans la dilution désespérante de la vérité au creux des contingences de l'histoire ? À ce compte, il pourrait bien exister une vérité que le fascisme parviendrait à exhiber dans la logique de son moment historique et qui deviendrait incompréhensible une fois passé l'instant propice. Si les concepts, à commencer par celui de vérité, sont frappés d'un relativisme radical, comment valider encore le rejet d'une position politique qui semble, cependant, insupportable ? C'est tout l'enjeu éthique et politique du relativisme historique.

L'histoire de la philosophie met l'accent sur les pensées plus que sur leur historicité, car elle a bien besoin de retirer la vérité ou la justice de leurs manifestations temporelles. Du coup, elle s'avère peu portée à accepter le poids de la contingence sur les formes de pensée qu'elle valorise. Laurent-Michel Vacher revendique, certes, une « critique pédagogique de "l'histoire de la philosophie" » (p. 21), afin de mieux éviter les délires interprétatifs qui la mine. Encore faut-il s'entendre sur cette histoire de la philosophie et comprendre sa relation à l'histoire intellectuelle si les idées de Nietzsche doivent renvoyer vraiment à une conception ou à une idéologie fascisantes. L'intérêt de la posture de Vacher est, en effet, de vouloir combattre de l'intérieur de la discipline philosophique certaines tendances au délire, mais aussi de l'articuler à un rapport à l'histoire (en l'occurrence, l'apparition d'une mentalité fascisante) qui en projette les qualités sur le monde. Mais est-ce bien un rapport problématique à l'histoire qui est ainsi posé ?

HISTOIRE DES IDÉES ET RAISON DE L'HISTOIRE

Plutôt que de partir de grandes généralités, prenons une citation que Vacher donne comme exemplaire des « tendances irrationalistes partout présentes dans les spéculations les plus hautement philosophiques de Nietzsche » (p. 70), nous pourrons mieux y discerner, au passage, les rapports possibles entre intellect, concept, contingence et histoire.

> L'intellect humain ne représente au sein de la nature qu'une exception lamentable, vague et fugitive, vaine et quelconque. Il y eut des éternités durant lesquelles il ne fut pas ; s'il disparaît de nouveau, il ne sera rien arrivé. Car il n'est,

pour cet intellect, aucune mission supérieure qui dépasserait la vie humaine. [...] Comme moyen de conservation pour l'individu, l'intellect développe ses meilleures forces dans la dissimulation ; [...] presque rien ne serait plus inconcevable que l'apparition parmi les hommes de l'instinct de vérité. Ils sont profondément plongés dans les illusions et les rêves, leur œil ne fait qu'effleurer la surface des objets où ils voient des « formes » [...]. Pensons en particulier à la formation des concepts : tout mot devient immédiatement concept du fait qu'il ne doit pas servir à titre de souvenir pour l'expérience originelle, unique, absolument individualisée, à laquelle il doit sa naissance, mais qu'il doit servir simultanément pour des expériences innombrables, plus ou moins semblables, c'est-à-dire au sens strict jamais identiques, et ne doit donc convenir qu'à des cas différents. Tout concept provient de l'identification du non-identique. Aussi sûrement qu'une feuille n'est jamais tout à fait identique à une autre, aussi sûrement le concept de feuille a-t-il été formé grâce à l'abandon délibéré de ces différences individuelles, grâce à un oubli de ces caractéristiques, et il évoque alors l'idée qu'il existerait dans la nature, en dehors des feuilles, quelque chose qui serait « la feuille », sorte de forme originelle d'après laquelle toutes les feuilles seraient tissées, dessinées, cernées, colorées, crêpelées, peintes, mais par des mains si malhabiles qu'aucun exemplaire n'aurait réussi correctement et de façon à être la copie fidèle du modèle d'origine. Nous appelons une homme « honnête » ; nous demandons : pourquoi a-t-il agi si honnêtement aujourd'hui ? Nous avons coutume de répondre : à cause de son honnêteté. L'honnêteté ! Cela signifie une fois encore : la feuille est cause des feuilles. Nous ne savons vraiment rien d'une qualité essentielle qui s'appellerait l'« honnêteté », mais nous connaissons de nombreuses actions, individualisées et partant différentes, que nous posons comme identiques grâce à l'abandon des différences et désignons désormais comme des actions honnêtes [...]. Qu'est-ce donc que la vérité ? Une multitude instable de métaphores, de métonymies, d'anthropomorphismes, bref une somme de relations tout humaines ayant été poétiquement et rhétoriquement haussées, transposées, enjolivées et qui, après un long usage, paraissent à tel peuple solides, canoniques et contraignantes : les vérités sont des illusions dont on a oublié qu'elles en sont, des métaphores qui se sont usées et ont perdu leur force sensible (*Le livre du philosophe*, cité par Laurent-Michel Vacher, p. 72).

Une véritable histoire intellectuelle, mais aussi une vraie histoire de la philosophie, doit se poser la question de l'origine des idées. Comment naissent des concepts ? Comment une configuration intellectuelle apparaît-elle à tel moment de l'histoire des hommes ? Si l'on veut lier une pensée philosophique et une idéologie politique comme le fascisme, encore faut-il savoir ce qui pourrait les rapporter l'une à l'autre (en deçà même du vague des synonymies revendiquées entre pensée, opinion, conception du monde, idéologie, mentalité, etc., on doit tâcher de comprendre ce que c'est que penser ou manipuler des concepts ou exprimer une opinion ou partager une conception). Si Laurent-Michel Vacher cite avec mépris ce passage de Nietzsche sur la vérité et la formation des concepts, c'est qu'il en condamne les postulats. Dans l'« irrationalisme » de Nietzsche, on verrait s'inscrire en creux la saine rationalité (et la vraie histoire) de Vacher. Procédons alors à un dépliage de ces postulats et voyons si la posture nietzschéenne est aussi peu rationnelle qu'elle le semble à Laurent-Michel Vacher.

Le premier point à souligner est la soumission de la connaissance à la vie. L'homme est d'abord un être vivant et l'intellect ne se développe qu'en fonction de son utilité pour la préservation de son existence, dans un monde où la force brute des bêtes menace de l'emporter plus rapidement qu'il ne le souhaite. L'intellect est donc rabaissé à une dimension pragmatique : c'est un simple moyen pour une finalité qui est toujours celle de se maintenir en vie. Plus encore, ce moyen est assigné à la dissimulation et à l'artifice. L'homme est un animal trompeur. Comme le caméléon se sert des pigments de sa peau pour se cacher sur un fond de feuille ou de sable afin d'attraper sa proie, l'homme se sert de son intelligence pour échapper aux fauves et capturer ses victimes. On peut l'énoncer sous une forme plus positive : l'homme est un animal rusé. La conséquence est identique : l'intellect n'est que le moyen et non la fin de l'existence. Par conséquent, l'intellectuel n'est certainement pas un être supérieur, mais au contraire celui qui sent au mieux *la fragilité des moyens humains.*

Du coup, il n'existe pas, chez l'homme, d'*instinct* de la vérité. L'instinct est de conserver son existence (comme pour tout être vivant) et la dissimulation est (au moins dans le contact avec les bêtes) plus efficace que la vérité. Cela ne signifie en rien que l'homme ne peut ou ne doit pas être en quête de la vérité – ou à tout le moins de vérités (au pluriel) –, mais simplement que cette vérité relève d'un *goût* ou d'un *intérêt* et non d'une nature instinctive de l'homme. Puisque la vérité relève d'un intérêt possible, l'intellect est bien placé pour en calculer la valeur dans une configuration bien précise. Puisque la vérité relève aussi d'un goût possible, elle peut faire l'objet d'une éducation : cultiver les enfants consiste à leur montrer et leur faire *apprécier* les beautés et les vérités de l'existence – à commencer par cette « vérité » qu'il n'y a pas d'instinct de vérité en l'homme (comme il n'y a pas d'instinct du beau). Refuser que l'homme possède un instinct de vérité n'empêche donc pas que l'on ne puisse, voire qu'il ne faille dans une perspective éthique et politique, tâcher de développer chez les hommes le goût et l'intérêt pour la vérité. Juste au contraire, s'il existait un instinct de vérité, il serait inutile de vouloir éduquer les hommes et de les entraîner à la recherche de la vérité, c'est donc précisément parce que l'homme ne possède pas ce genre d'instinct que l'entreprise généalogique de Nietzsche se voue à une juste éducation des hommes.

Qu'est-ce donc alors que la vérité et comment l'intellect en construit-il la valeur ? Si l'instinct de conservation suscite l'art de la ruse et de la dissimulation, la perception des objets du monde suit un trajet identique dans le monde de l'intellect : on froisse une feuille, puis une autre et encore une autre, celle-ci marron, celle-là encore rouge, cette autre de peuplier et non d'érable, et c'est une seule forme qu'on se représente, c'est un même concept qu'on utilise. Comment fait-on pour passer de l'expérience toujours singulière des sens au sentiment toujours répété de la forme ? Comment sortir des qualités particulières d'un moment du temps (la clarté du ciel, la sécheresse de l'air, le mouvement du vent dans les arbres, une sensation de soif dans la gorge, un verre de Quincy à portée de main) pour n'en garder que l'idée d'une belle journée ?

L'invention des concepts fonctionne à l'oubli des minuscules différences qui font qu'une feuille n'est absolument jamais identique à une autre ; et le serait-elle qu'un moment du temps ne serait jamais la pure répétition d'un autre et que la perception de la même feuille devrait être différente. Il faut *se dissimuler à soi-même* ces infimes ou vastes variations pour utiliser, de façon pragmatique, le concept de feuille.

PETITE DIGRESSION NOMINALISTE

Il s'agit là d'une position qui n'est guère typique du seul Nietzsche : elle est la conséquence de la perspective nominaliste qui s'est imposée peu à

143

peu dans les cercles philosophiques depuis la fin du Moyen Âge (Guillaume d'Ockham en étant un des premiers et des plus illustres représentants). La manière de retraduire les idées générales ou abstraites en désignations d'entités individuelles peut varier en fonction de l'ontologie dans laquelle on s'inscrit ou des outils logiques dont on dispose à une certaine période de l'histoire, mais le principe nominaliste consiste toujours à rechercher sous les concepts la réalité d'objets et de situations concrètes : « Il m'est [...] impossible de former une idée abstraite du mouvement distinct du mobile, qui ne soit ni lent ni rapide, ni curviligne ni rectiligne et je peux en dire autant de toutes les idées générales abstraites quelles qu'elles soient[1] », affirme par exemple Berkeley, ou, de façon plus contemporaine, « en tant que nominaliste, le monde est un monde d'individus [...] ; et la frontière entre ce qu'on appelle habituellement "abstrait" et ce qu'on appelle habituellement "concret" me semble vague et capricieuse. Selon moi le nominalisme consiste spécifiquement à refuser de reconnaître les classes[2] », déclare Nelson Goodman.

Les concepts n'existent donc pas d'eux-mêmes dans un Ciel des Idées originelles ; ils sont construits

---

1. George BERKELEY, *Principes de la connaissance humaine*. Traduit par M. Phillips, dans *Œuvres,* Paris, Presses Universitaires de France, 1985 [1710], t. I, § 10.

2. Nelson GOODMAN, « A World of Individuals », dans *Problems and Projects,* Indianapolis, Bobbs-Merrill, 1972, p. 155-156. Cité par Pierre-André HUGLO, *Approche nominaliste de Saussure,* Paris, L'Harmattan, 2002, p. 12.

par les hommes en fonction de leurs besoins de reconnaissance et de contrôle du monde autour d'eux et à partir de leurs expériences de ce monde. Il s'agit de voir frissonner cette feuille ou cette autre sous la classe de toutes les feuilles pour éviter de croire impunément à la réalité du concept de feuille. Quand on donne une valeur réelle, une existence à des classes d'objets, on se met à croire à des fantasmagories : un concept de feuille n'a jamais frissonné pas plus que le concept de chien n'a mordu quelqu'un.

C'est aussi ce que Thomas Hobbes souligne :

> L'universalité d'un même nom donné à plusieurs choses est cause que les hommes ont cru que ces choses étaient universelles elles-mêmes, et ont soutenu sérieusement qu'outre *Pierre, Jean* et le reste des hommes existants qui ont été ou qui seront dans le monde, il devait encore y avoir quelqu'autre chose que nous appelons l'*homme en général* ; ils se sont trompés en prenant la dénomination générale ou universelle pour la chose qu'elle signifie[1].

Or, ce type d'erreur peut générer bien des troubles et empêcher de faire la différence entre des noms bien employés et des mots sans vrais référents. Un des dangers politiques contre lesquels Hobbes met en garde consiste justement en ces discours éloquents que toute personne privée se croit en mesure

---

1. Thomas HOBBES, *De la nature humaine*. Introduction de E. Naert, traduit par le baron d'Holbach, Paris, Vrin, 1971 [1650], p. 45.

de produire sur les affaires de l'État et qui s'égarent en utilisant des noms sans référents, dévoyant ainsi les auditeurs et provoquant des séditions[1]. Le nominalisme de Hobbes ne concerne pas seulement une logique de la signification ; il vise aussi un droit de parole et une politique de la désignation.

Si le mauvais usage des noms par des personnes illégitimes en des lieux non autorisés est bien ce qui tracasse Hobbes (n'oublions pas que la Révolution anglaise qui a conduit à l'exécution de Charles Ier en 1649 a fourni à Hobbes les exemples mêmes de ce qu'il considère comme de mauvais usages de l'éloquence), ce ne sont pas simplement les dénominations universelles abstraites qui sont visées, mais les réseaux d'homonymies (appeler le roi « tyran », par exemple, en rendant les deux équivalents) et les fictions métaphoriques par lesquels des individus privés usurpent la parole du souverain. En ce sens, le propos nominaliste de Hobbes entend réguler non seulement l'ordre des significations, mais aussi leur production sociale.

On voit par là que Nietzsche pousse son nominalisme sur des voies bien différentes de celles de Hobbes. Il n'hésite pas à donner à la vérité la tournure d'une métaphore, ou, de manière plus complexe, d'une « multitude instable de métaphores, de métonymies, d'anthropomorphismes, bref une somme de relations tout humaines ». Du coup, ce

---

1. Voir Thomas HOBBES, *Le citoyen*. Traduit par Simone Goyard-Fabre, Paris, GF-Flammarion, 1982 [1642], II, XII, X-XIII, p. 224-227.

sont aussi le droit de parler et la politique de la désignation qui sont remis en cause : loin de l'autoritarisme juridique du souverain hobbesien, Nietzsche manifeste la possibilité constante pour chacun de revivifier les métaphores figées dans les concepts et de redonner un tour différent aux productions de l'intellect afin de retrouver la situation singulière qui a noué dans un nom une somme de relations.

Pour lui, la vérité ne préexiste pas aux hommes ; elle en résulte. Si le concept de feuille peut bien n'être qu'une façon abusive de parler de feuilles singulières, sur laquelle il ne faut pas se tromper, le concept d'honnêteté ou de vérité ne renvoient pas plus à des entités supra-sensibles, mais sont les effets de situations singulières dans lesquelles les hommes s'entendent pour désigner telle action comme honnête ou tel discours comme vrai. Cela ne rend pas le moins du monde impossible de déterminer si un individu est honnête ; il suffit à chaque fois de faire preuve de jugement. Est-ce aller contre la possibilité même de concevoir la validité de la vérité que de la soumettre à un jugement toujours personnel, circonstancié et variable ? Encore faut-il bien comprendre ce que cela signifie. La réflexion de Ludwig Wittgenstein sur les règles et sur le problème du jugement peut nous être ici fort utile.

PETITE DIGRESSION WITTGENSTEINIENNE

Lorsque nous jugeons d'une couleur, par exemple : « c'est vert », l'important est de voir qu'il y a là une décision effectuée dans un temps présent par un sujet habitué à prendre des décisions, à posséder des concepts de couleurs et à exprimer ses impressions. Mais ce jugement n'a de validité que dans certaines circonstances. Nous n'avons pas l'habitude de dire « c'est vert » chaque fois que nous rencontrons sur notre chemin la couleur verte ; nous l'énoncerons s'il y a un doute sur la couleur, ou si le conducteur d'une auto ne s'est pas aperçu du changement de lumière des feux de circulation, ou s'il s'agit d'enseigner un concept de couleur, etc. Nous n'apprenons pas quelque chose en référence à un consensus préfabriqué ou à une Idée transcendante, mais seulement en fonction de jugements et de décisions particuliers qu'un tel et un tel nous enseignent cas par cas. Cependant le mode même du jugement suppose l'effectivité d'un consensus et, du coup, d'une Idée. Comme le dit Wittgenstein : « Sans doute notre jeu de langage ne peut s'instaurer que s'il y a un certain consensus, mais le concept de consensus n'intervient pas dans le jeu de langage. » Et il ajoute cette image d'une loterie borgesienne : « Si le consensus était parfait, son concept pourrait demeurer totalement inconnu[1]. »

Le consensus est mal conçu tant qu'on le cherche à l'origine nécessaire de nos jugements. Si on pose qu'un consensus empirique, statistique suffit à valider *a priori* nos énoncés dans leur vérité ou leur fausseté, le premier sceptique venu pourra facilement invalider notre position, car c'est avouer

---

1. Ludwig WITTGENSTEIN, *Fiches*. Traduit par J. Fauve, Paris, Gallimard, 1971, § 430.

que la règle ne détermine pas nécessairement l'action. L'alternative entre un consensus statistique et une Idée de la Vérité apparaît alors comme une perspective platonicienne où la règle de détermination d'une action devient un fait nécessairement supra-empirique. Or, il s'agit à chaque fois de la même illusion : on pose une distance artificielle entre la règle et son application, et c'est cette distance qui devient problématique. Alors que dans la pratique il n'y a pas de distance, mais juste au contraire une connexion interne extrêmement résistante qui fait de chaque événement d'une application *l'immédiat événement de la règle* – une connexion de type grammatical.

La question du sens commun ne trouve de résolution que dans l'échange et l'usage constants, mouvants, instables qui donnent à la règle la force de l'événement. « "Rouge est une couleur pure" est une proposition sur l'"essence" de rouge, le temps n'y a pas de place ; on ne peut pas s'imaginer que *cette* couleur puisse *ne pas* être simple[1]. » Le critère d'une proposition *a priori* est que sa négation ne peut s'imaginer : celle-ci ne fait pas partie de nos règles de description. Dans les jugements *a priori,* le temps s'arrête afin que les autres propositions puissent graviter et circuler autour d'eux.

Là est la raison de l'intérêt de Wittgenstein pour les propositions qui sont d'ordre empirique et qui jouent, pourtant, un rôle manifestement *a priori* :

---

1. Ludwig WITTGENSTEIN, *Bemerkungen über die Philosophie der Psychologie : Remarks on the Philosophy of Psychology,* Oxford, Blackwell, 1980, § 622 (ma traduction).

> Il arrive souvent que l'usage des propositions soit à la limite de la logique et de l'empirie, de sorte que leur sens change de part et d'autre de cette limite et qu'elles vaillent tantôt comme expression d'une norme, tantôt comme expression d'une expérience[1].

C'est pourquoi

> il y a bien des choses qui pour nous semblent solidement fixées et qui disparaissent de la circulation. Elles sont pour ainsi dire poussées sur une voie de garage. [...] Or elles donnent leur forme à nos façons de voir. Peut-être en a-t-on disputé un jour. Mais peut-être ont-elles appartenu depuis des temps immémoriaux à l'*échafaudage* de toutes nos façons de voir. (Chaque être humain a des parents)[2].

« Chaque être humain a des parents » est bien un constat empirique, mais sa négation serait difficile à imaginer, sauf peut-être pour un anthropologue tombant sur une tribu où les enfants seraient faits, pour ainsi dire, « anonymement » et pris en charge par la communauté dans son ensemble, ou encore pour nos propres enfants habitués qu'ils le seront peut-être dans quelques décennies aux manipulations génétiques et aux bébés-éprouvettes. On a là des « *a priori* historiques » qui ont été retirés de la circulation ordinaire du langage afin de

---

1. Ludwig WITTGENSTEIN, *Remarques sur les couleurs*. Traduit par Gérard Granel, Mauvezin, TER, 1984, I, § 32.

2. Ludwig WITTGENSTEIN, *De la certitude*. Traduit par J. Fauve, Paris, Gallimard, 1976, § 210-211.

fonctionner comme paradigmes et règles : *pour le moment, le temps ne vaut pas pour eux. Mais c'est néanmoins dans le temps qu'ils sont constitués.*

Le paradoxe de la règle vient en effet d'une confusion sur le temps. Nous avons l'impression, lorsque nous connaissons le sens d'un mot, que nous devrions connaître tous les usages *futurs dès maintenant* (comme si nous n'avions plus rien à faire dans l'avenir qu'à agir mécaniquement), alors qu'en fait nous maîtrisons l'usage *présent*, et nous maîtriserons de même ses usages futurs, *pour autant* que notre jugement s'y exercera. C'est pourquoi Wittgenstein souligne qu'un accord sur les définitions ne suffit pas, il y faut aussi un accord sur les jugements[1]. Le paradoxe de la règle ne reçoit de solution qu'en référence à nos formes de vie.

Ce qui fonde donc l'accord et la reconnaissance de la vérité, c'est précisément le langage dans les

---

1. « Ainsi vous dites que l'accord [*Übereinstimmung*] entre les hommes décide de ce qui est vrai et de ce qui est faux ? est vrai et faux ce que les hommes *disent* l'être ; et ils s'accordent dans le *langage* qu'ils emploient. Ce n'est pas un accord sur les opinions, mais sur les formes de vie.

Pour qu'il y ait entente [*Verständigung*] au moyen du langage, il doit y avoir un accord non seulement sur les définitions, mais aussi (si étrange que cela puisse paraître) sur les jugements. Ceci semble abolir la logique, mais il n'en est rien. C'est une chose de décrire des méthodes de mensuration, c'en est une autre d'obtenir et d'établir des résultats de mensuration. Mais ce que nous nommons "mensuration" est en partie déterminé par une certaine constante dans les mensurations » (Ludwig WITTGENSTEIN, *Investigations philosophiques*. Traduit par Pierre Klossowski, Paris, Gallimard, 1986, § 241-242. Je modifie partiellement la traduction).

structures de parole *a priori* qu'il implique. C'est pourquoi ce n'est pas un accord sur les opinions (consensus sociologique), mais sur des formes de vie. Cette entente (*Verständigung* : il est important de conserver l'idée de compréhension (*verstehen*) et d'entendement (*Verstand*), en même temps que celle d'accord) à travers la langue ne requiert pas seulement, comme le ferait le consensus, un accord sur les définitions, mais un accord sur les jugements eux-mêmes.

Que reste-t-il de l'*a priori* si même les jugements requièrent un accord ? En fait, cet accord supporte bien la possibilité du logique, car c'est un accord sur des modes d'agir et sur le langage basé sur ces modes d'agir. La fondation du logique ne naît pas de conditions transcendantales, mais les propositions *a priori* n'en sont pas pour autant abandonnées, bien au contraire, simplement elles sont issues de la pratique même, des formes de vie que les hommes partagent. C'est pourquoi l'*a priori* n'est pas inaltérable et éternel comme les essences ou les Idées, puisqu'il est toujours issu d'un certain environnement ; c'est aussi pourquoi il assure un lien rigide, non entre le mot et la chose selon le principe d'un étiquetage du monde, mais entre l'expression et sa compréhension en suivant les règles de ses usages. *Il faut, à chaque fois, le moment d'un usage pour que se dessine la silhouette d'une vérité.*

Ces deux digressions nous ont permis de mieux comprendre les implications de la position de Nietzsche, à la fois dans l'héritage du nominalisme et dans la production de la vérité. Mais elle devrait aussi permettre de mieux saisir ce que pourrait devenir une histoire de la philosophie conçue en même temps comme histoire intellectuelle. Depuis que la philosophie s'est instituée comme discipline savante dans l'université moderne, elle s'est articulée à l'histoire. La manière hégélienne en a mis en place certaines figurations conceptuelles classiques, mais surtout les modes de reproduction des élites savantes en ont fait une nécessité : le bon philosophe était d'abord un bon interprète des textes anciens.

L'activité philosophique est ainsi peu à peu devenue essentiellement (au moins du côté des « continentaux ») une histoire des pensées, des systèmes ou des idées – mais une histoire de la philosophie qui, centrée sur l'explication interne des textes canoniques de la discipline, n'avait d'histoire que le nom. Inversement, l'histoire politique et événementielle du XIXe siècle qui s'attachait aux grandes œuvres ou aux grands hommes est devenue histoire sociale et économique, privilégiant les enquêtes sur les structures plutôt que sur les événements, sur les masses plutôt que sur les esprits singuliers, et même lorsque l'histoire des mentalités a tenté de retrouver, à partir des années 1950-1960, un terrain plus « spirituel », c'était encore à l'aune des masses et en fonction des structures de « l'outillage mental » (comme disait Lucien Febvre). Le problème d'une histoire de la philosophie qui sorte de la seule exégèse interne sans tomber dans le réductionnisme d'une contextualisation aveugle à la fois à la spécificité des textes philosophiques et à la dimension conceptuelle propre à ces travaux constitue aujourd'hui un des grands défis des philosophes comme des historiens.

Ces dernières décennies un certain nombre de chercheurs ont tenté de relever le défi : John Dunn et Quentin Skinner en Angleterre, Reinhart Koselleck en Allemagne, Robert Darnton aux États-Unis, Charles Taylor au Canada, ou en France Roger Chartier, Marcel Gauchet ou François Dosse (après Michel Foucault, Louis Marin ou Michel de Certeau). Selon que l'on vient plutôt de la philosophie ou de l'histoire, les réflexes disciplinaires vont orienter les types de recherche, mais tous essayent de conserver au cœur de leurs analyses les enjeux proprement conceptuels des ouvrages de pensée sans, pour autant, les ériger en monuments à jamais voués au déchiffrement de scribes érudits. Sans vouloir entrer dans le détail de toutes ces entreprises, on peut simplement noter qu'elles supposent à chaque fois que les concepts ne forment pas des unités parfaitement autonomes, séparées des productions matérielles ou sociales de leur temps (ou de temps différents : un contexte ne tient pas dans le moment limité du surgissement d'une idée ou d'une formule, il peut durer quelques minutes, des heures, plusieurs jours, des années ou des siècles, tout dépend du genre de questions que l'on essaye de poser à un texte – c'est pourquoi il n'existe pas de contexte *a priori,* mais des séries d'opérations de contextualisation).

Si les concepts sont « des métaphores qui se sont usées et ont perdu leur force sensible », comme le prétend Nietzsche, cela suppose qu'il n'existe pas de différence de nature entre les concepts et les environnements sensibles où ils apparaissent, mais que, au contraire, ils en prolongent et en détournent certains effets. Le concept de feuille n'a bien sûr jamais frissonné au premier coup de vent ; il possède pourtant en lui le passage possible de ce frisson et du vent qui l'emporte, alors que ce ne sera pas le cas du concept de mur. L'enjeu philosophique d'une histoire des concepts implique justement de prendre en compte qu'un concept renvoie toujours à du singulier, à de l'événementiel, à une situation, à un sujet. C'est ce que Nietzsche tente d'exprimer en faisant, de façon évidemment provocatrice, de la vérité comme de tout concept la figure provisoire d'une forme de vie.

On peut prendre un penseur à peu près contemporain de Nietzsche et trouver le même genre d'ambition, sans qu'il soit pour autant taxé d'irrationaliste outrancier. Ainsi, la méthode philosophique de l'intuition, chez Henri Bergson, suppose une insertion dans le rythme même du vivant, dans sa durée propre, de même qu'à sa manière le souvenir interprète la perception afin de pouvoir mieux s'y insérer de façon sympathique. Cependant, l'intuition ne se communique que par l'intelligence : « elle est plus qu'idée ; elle devra toutefois, pour se transmettre, chevaucher sur des idées. Du moins s'adressera-t-elle de préférence aux idées les plus concrètes, qu'entoure encore une frange d'images[1] ». C'est pourquoi la

> métaphysique vraie commencera par chasser les concepts tout faits ; elle aussi [comme la science] s'en remettra à l'expérience. Mais l'expérience intérieure ne trouvera nulle part, elle, un langage strictement approprié. Force lui sera bien de revenir au concept, en lui adjoignant tout au plus l'image. Mais alors il faudra qu'elle élargisse le concept, qu'elle l'assouplisse, et qu'elle annonce, par la frange colorée dont elle l'entourera, qu'il ne contient pas l'expérience toute entière[2].

Cette *idée* d'une « frange d'images[3] » apparaissait déjà dans *Matière et mémoire*, au moment où Bergson indique que les images-souvenirs débordent par définition la perception susceptible de les accueillir et que le cerveau a pour fonction d'écarter les images qui ne peuvent décidément pas être exploitées par la perception actuelle : « Tout au plus

---

1. Henri BERGSON, *La pensée et le mouvant : essais et conférences,* Paris, Librairie Félix Alcan, 1939 [1922], p. 52.
2. *Ibid.,* p. 55.
3. Bergson l'exprime autrement encore dans sa conférence « Introduction à la métaphysique » : « Les divers concepts que nous formons des propriétés d'une chose dessinent donc autour d'elle autant de cercles beaucoup plus larges, dont aucun ne s'applique sur elle exactement » (*ibid.,* p. 212).

certains souvenirs confus, sans rapport à la situation présente, débordent-ils les images utilement associées, dessinant autour d'elles une frange moins éclairée qui va se perdre dans une immense zone obscure[1] ».

Là où la vie, dans sa dimension intéressée et utilitaire, inhibe les souvenirs, tâchant de limiter au maximum la frange d'images autour de la perception, l'intuition métaphysique cherche, au contraire, à auréoler le concept d'un halo d'images qui lui permettra de garder un contact vivant avec l'expérience concrète de la durée. La frange d'images-souvenirs est ce qui donne un rythme à la perception comme au concept, elle leur évite de disparaître sous la généralité, pour l'un, ou sous la contingence, pour l'autre. Elle alloue à l'unité du concept ou de la perception la multiplicité de la durée, mais une multiplicité ordonnée : un rythme.

Contre le prêt-à-porter philosophique qui alloue trop de présence aux idées abstraites et générales, Bergson exige de l'intuition qu'elle participe d'un empirisme du sur mesure :

> un empirisme digne de ce nom, un empirisme qui ne travaille que sur mesure, se voit obligé, pour chaque nouvel objet qu'il étudie, de fournir un effort absolument nouveau. Il taille pour l'objet un concept approprié à l'objet seul[2].

---

1. Henri BERGSON, *Matière et mémoire,* Paris, Presses Universitaires de France, 1985 [1896], p. 90.

2. Henri BERGSON, *La pensée et le mouvant : essais et conférences,* p. 222.

Il s'agit là, bien sûr, d'un remarquable paradoxe : comment le concept qui doit, par définition, dire le général pourrait-il épouser de si près la singularité de l'objet ? C'est que l'objet est déjà *multiplicité* ; le temps, simultanément actualisation de la mémoire dans la perception singulière et virtualité de tout le passé dans les souvenirs purs.

Mais c'est aussi ce paradoxe que cherche à éclairer Bergson en en faisant le cheminement propre de ce qu'il entend par métaphysique et qui n'est, curieusement, pas fort éloigné du dépassement de la métaphysique souhaité par Nietzsche : « un empirisme vrai est celui qui se propose de serrer d'aussi près que possible l'original lui-même, d'en approfondir la vie, et, par une espèce d'*auscultation spirituelle*, d'en sentir palpiter l'âme ; et cet empirisme vrai est la vraie métaphysique[1]. » L'être en tant qu'être, objet de la métaphysique depuis Aristote, prend chez Bergson les tournures d'un empirisme transcendantal qui ne renie jamais ni la singularité des objets du monde ni leur intégration (au sens presque mathématique du calcul intégral) dans la règle qui les dépasse : « En ce sens la métaphysique n'a rien de commun avec une généralisation de l'expérience, et néanmoins elle pourrait se définir l'*expérience intégrale*[2] ». Pour sentir palpiter l'âme, il faut la reconnaissance d'un rythme particulier, mais aussi la reconnaissance qu'il y a là du rythme.

---

1. *Ibid.*, p. 255.
2. *Ibid.*

Entre l'intuition et l'intelligence, il semble donc bien qu'il y ait une différence de nature. Pourtant, la frange d'images qui entoure le concept témoigne plutôt d'une différence de degré :

> Nous avons montré que l'intelligence s'est détachée d'une réalité plus vaste, mais qu'il n'y a jamais eu de coupure nette entre les deux : autour de la pensée conceptuelle subsiste une frange indistincte qui en rappelle l'origine. Bien plus, nous comparions l'intelligence à un noyau solide qui se serait formé par voie de condensation. Ce noyau ne diffère pas radicalement du fluide qui l'enveloppe. Il ne s'y résorbera que parce qu'il est fait de la même substance[1].

Le rythme désigne justement cette fluidité inessentielle qui enveloppe la détermination intelligente des essences.

Pour Bergson, reposer la question métaphysique de l'essence de l'être conduit à s'occuper d'abord de *l'inessentiel*. En allant chercher dans la frange d'images qui enveloppe le noyau de l'intelligence l'accès à l'essence de l'homme ou des objets du monde, il évite les anciennes apories des métaphysiques de la substance sans renoncer à une prise effective sur le monde des essences. Il faut seulement admettre que les concepts, et même une grammaire des concepts, trouvent leur source dans la fluidité rythmée des événements. La différence

---

1. Henri BERGSON, *L'évolution créatrice,* Paris, Presses Universitaires de France, 1986 [1907], p. 194.

de nature n'intervient qu'après-coup, comme un effet rétrospectif de la logique conceptuelle.

LA FAUSSE CLARTÉ DE LA PROFONDEUR

En faisant des idées ou des concepts des sommes de relations humaines, Nietzsche tâche aussi de retrouver sous la raideur hautaine des essences (la Vérité, le Bien, etc.) la souplesse fluctuante de l'inessentiel. L'histoire de la philosophie devrait précisément renouer avec la singularité sociale des situations plutôt qu'avec l'interprétation indéfinie du même texte. Est-ce à dire qu'il faudrait reprendre par exemple le programme indiqué par un grand historien, proche de Michel Foucault, comme Paul Veyne ?

> La compréhension des événements n'est pas immédiate, les sociétés humaines ne sont pas transparentes à elles-mêmes ; quand elles expliquent et s'expliquent ce qui leur arrive, elles le font ordinairement de travers. La partie immédiatement comprise des événements est entourée d'une auréole de « non-événementiel » que s'efforce de comprendre une « histoire pionnière », une « histoire en profondeur[1] ».

Cette auréole de non-événementiel ne retrouve-t-elle pas le noyau conceptuel et sa frange d'images ?

------

1. Paul VEYNE, « L'histoire conceptualisante », dans *Faire de l'histoire I : nouveaux problèmes*. Sous la direction de Jacques LE GOFF et Pierre NORA, Paris, Gallimard, 1986 [1974], p. 100.

C'est le contraire qui s'avère juste, le non-événementiel apparaît comme l'*essentiel* du discours historiographique : loin de la fausse transparence à soi-même de l'événement immédiat ou du discours que les acteurs tiennent sur eux-mêmes et sur leur situation, l'historien saurait déchiffrer la structure profonde sous la surface des apparences. Cette auréole de non-événementiel n'est pas une frange mal définie fourmillant de mots, de phrases et de sentiments aux contours imprécis, mais bien ce qui assiérait la définition des mots et des intentions, ce qui enracinerait les discours et les sentiments dans la terre nourricière des significations profondes. L'auréole de non-événementiel devrait donner un tour plus saint aux choses du monde.

Comme l'analyse magistralement Jacques Rancière à propos d'autres grands historiens comme Fernand Braudel et Alfred Cobban,

> le travail de l'historien n'est plus de raconter les révolutions mais de les interpréter, de rapporter les événements et les discours à ce qui les fonde et les explique. Et, bien sûr, ce qui fonde les événements, c'est toujours du non-événement ; ce qui explique les mots, c'est ce qui n'est plus des mots. L'historien [...] rapporte le discours séduisant à la réalité non discursive qui s'y exprime et s'y travestit. Le discours de l'historien est un discours mesure qui rapporte les mots de l'histoire à leur vérité. C'est ce que veut dire explicitement *interprétation*. Mais c'est aussi, d'une manière moins évidente, ce que veut dire

> *social. Social*, en effet, désigne à la fois un objet de savoir et une modalité de ce savoir [...] : le social devient ce *dessous* ou cet arrière-fond des événements et des mots qu'il faut toujours arracher au mensonge de leur apparence[1].

Pour l'historien, la vérité se tient donc toujours en deçà de ce que disent et vivent les individus qui agissent et parlent dans l'histoire : ils font l'histoire sans la savoir, ils en parlent sans la connaître, ils utilisent des mots sans percevoir la logique secrète qui les anime (comme Nietzsche et ses disciples avec les mots du fascisme, selon Laurent-Michel Vacher).

On retrouve là la méfiance de Hobbes vis-à-vis du langage ordinaire qui ne parvient pas à stabiliser les processus de référence et génère des termes équivoques :

> Ces équivoques de noms font qu'il est difficile de retrouver les conceptions pour lesquelles le nom avoit été fait ; cette difficulté se rencontre non seulement dans le langage des autres hommes où nous devons autant considérer le but, l'occasion, la texture du discours que les mots mêmes, mais encore dans notre propre discours, qui étant dérivé de la coutume & de l'usage commun *ne nous représente pas à nous-même nos propres conceptions*[2].

La singularité sociale des situations n'est justement pas ce *dessous* des affaires humaines dont

---

1. Jacques RANCIÈRE, *Les mots de l'histoire. Essai de poétique du savoir*, Paris, Seuil, 1992, p. 68-69.
2. Thomas HOBBES, *De la nature humaine*, p. 47.

l'expert historien aurait pour fonction de nous dévoiler la vérité tacite, inconnue des acteurs eux-mêmes qui s'avèrent toujours égarés sur ce qu'ils disent et pensent par l'équivocité des mots. Car *il faut bien repérer dans cette profondeur revendiquée, non la modestie de l'inessentiel, mais les hauteurs grandiloquentes du supra-sensible.*

Le modèle de l'expert historien reste « profondément » celui de Hegel. Pour qui réside dans l'immédiateté des phénomènes du monde sensible, le savoir de soi échappe fatalement : « de cet Intérieur, tel qu'il est donné ici immédiatement, il n'y a sans doute aucune connaissance donnée [...], en vertu de la simple nature de la chose même, parce que dans le *vide* précisément rien n'est connu[1]. » Pour *remplir* ce vide de l'immédiateté sensible, il faut passer par le supra-sensible, dans lequel l'être de l'immédiateté agit comme un aveugle au milieu de trésors ou le voyant dans la pure lumière ; mais le supra-sensible ne saurait habiter seulement dans cet univers coupé de l'ancrage dans le sensible, il revient donc dans l'immédiateté, chargé à la fois des phénomènes et de leur intériorité :

---

1. G. W. F. HEGEL, *La phénoménologie de l'Esprit.* Traduit par Jean Hippolyte, Paris, Aubier-Montaigne, 1975, t. I, p. 121. Voir aussi le principe même de la ruse de la raison qui suppose que « dans l'histoire universelle, il résulte des actions des hommes quelque chose d'autre que ce qu'ils ont projeté et atteint, que ce qu'ils savent et veulent immédiatement » (*La Raison dans l'histoire.* Traduit par Kostas Papaioannou, Paris, U.G.E., 1965, p. 111).

> le supra-sensible est le sensible et le perçu
> comme ils sont *en vérité* ; mais la vérité du sensi-
> ble et du perçu est d'être phénomène. Le supra-
> sensible est donc le *phénomène comme phéno-*
> *mène*. – Si l'on voulait entendre par là que le
> supra-sensible est en conséquence le monde
> sensible ou le monde comme il est pour la *certi-*
> *tude sensible immédiate* et pour la perception,
> on comprendrait à l'envers[1].

L'inversion hégélienne qui consiste à faire de l'immédiat l'inconnaissable, sauf à devenir rempli de
lui-même comme intériorité grâce à la médiation
par le supra-sensible, désavoue l'idée de trouver
dans l'immédiateté sensible elle-même le monde
qu'elle manifeste immédiatement intelligible, sous
le prétexte que ce serait, véritablement, *le monde à*
l'envers. L'immédiateté n'est déchiffrable qu'à passer par la médiation de l'intelligible qui, seul, peut
faire apparaître la vérité intérieure des phénomènes.

L'« auréole de "non-événementiel" » dont parle
Paul Veyne a bien pour charge de sanctifier le
passé, de faire apercevoir la canonicité d'événements dont personne, sur le moment, ne pouvait
mesurer la secrète qualité ou la grâce divine.
L'immédiat se trouve hors vérité, car il lui manque
une dimension, comme le note Fernand Braudel, la
distance temporelle, ce qu'on devrait appeler la
« profondeur de temps » qui n'est rien qu'une spa-
tialisation de la durée (d'où l'importance du modèle

---

1. G. W. F. HEGEL, *La phénoménologie de l'Esprit,* t. I, p. 121-
122.

géographique pour cette écriture de l'histoire). L'absence de profondeur est gage de non-vérité, de fausse conscience, d'illusion, car tout bat trop vite au pouls de l'existence humaine : ivresse de l'eau vive qui ignore les courants cachés d'où elle sourd.

L'histoire intellectuelle n'est pas la main mise de l'intelligible sur le sensible ou des médiations de l'histoire sur l'immédiateté des dispositions, elle consiste au contraire à croire aux effets de surface des mots et à leurs contours indécis, à penser que les hommes pensent ce qu'ils font même si c'est de manière parfois confuse, à laisser la parole même à ceux qui n'y ont pas droit. Contre une histoire qui cherche la vérité des discours dans ce qu'ils ne sont pas, l'histoire intellectuelle fait crédit aux termes, aux concepts, aux usages, mais en analysant leurs variations possibles, leurs contextes d'usage, leur halo d'images et leurs ombres portées.

On peut certes rêver pieusement d'un monde où les mots agiraient comme des étiquettes instal-lées à demeure sur les choses qu'elles désigne-raient, mais, dans notre monde réel, l'homonymie est de règle et elle ne pose de problèmes qu'à ceux qui oublient que *nous parlons par phrases et non par mots, par petites tactiques de discours et non par désignations rigides, par configuration des interlo-cuteurs présents ou possibles et non par rapport direct des noms aux seules choses, par toute une dramaturgie du sens et non par un quadrillage policier des significations.*

On peut hurler au racisme en voyant la valorisa-tion de « races devenues pures » sans s'apercevoir qu'il est de multiples usages du terme et qu'il faut à chaque fois prendre la peine et le temps d'en saisir toutes les dimensions de son usage, sans quoi il y aurait plus grave que de fourrer dans le sac du racisme des auteurs qui ne le seraient pas : on ne parviendrait plus à saisir exactement quels sont les discours véritablement racistes et comment en démonter les bêtises.

Il est possible, à un certain niveau d'analyse, de voir le passage de Nietzsche par lequel nous avons commencé ce chapitre comme un cas flagrant d'irrationnalisme – et l'intérêt d'en montrer l'irrationalisme, pour Vacher, est que la dénonciation du rationalisme apparaît classiquement comme une des composantes de l'idéologie fasciste. Mais si l'on prend la peine d'en déplier les éléments et de les mettre ne serait-ce que dans une configuration intellectuelle séculaire (le nominalisme) ou contemporaine (Bergson), on verrait plus une critique radicale de la rationalité *qui fait justement partie de la puissance de la raison.* Sans compter qu'il y a, chez Nietzsche (à l'instar de Bergson), une lutte ouverte contre le point de vue dominant à son époque, le positivisme, et il entend bien montrer les limites de la rationalité, en soulignant en même temps l'importance (et les dangers) des passions.

Le fascisme se veut également irrationaliste, au sens où les individus doivent être emportés par un sentiment de communion immédiate avec la nation, l'État, le parti, afin de mieux lutter contre la rationalité économique et retrouver un fondement plus spirituel des actions. Le même terme est utilisé pour

désigner des réalités et des constructions conceptuelles bien différentes[1]. Dégager l'intellect de ses
prétentions abusives, c'est justement souscrire, chez
Nietzsche, à la valeur et au bon usage de l'intelligence – est-ce directement repliable sur l'irrationalisme fascisant qui suppose une passion des masses
orchestrée par la maestria d'un parti et d'un chef ?

L'histoire de la philosophie parviendra à
devenir histoire quand elle mettra sa finesse de
lecture au service des configurations multiples dans
lesquelles apparaissent les textes que l'on appelle
philosophiques et réciproquement l'histoire intellectuelle arrivera à donner une intelligence des
événements et des discours lorsqu'elle adossera à
l'usage des concepts la frange d'images et la somme
de relations discursives qui en permettent et en
prolongent les effets. Plutôt que l'interprétation
philosophique qui somme les textes de s'expliquer
par eux-mêmes ou que l'interprétation historique
qui comprend les discours et les événements par la
profondeur des déterminations sociales, il s'agit de
saisir comment fonctionnent des *dispositifs d'appropriation,* ces formes de *passivité laborieuse* par où

---

1. Cela dit, il ne faut pas accorder trop de poids à cet
irrationalisme du fascisme. Comme le souligne Robert Soucy, à
la suite de nombreux spécialistes, « le désir de défendre les
intérêts économiques et le rang de la bourgeoisie et de la haute
bourgeoisie contre les menaces de la gauche joua un rôle
capital dans l'essor du fascisme européen pendant les années
1930 – et, à tout prendre, il me semble qu'il joua un rôle beaucoup plus grand que l'irrationalisme » (Robert Soucy, *Fascismes
français ? 1933-1939. Mouvements antidémocratiques,* p. 450).

des singularités reprennent, reconfigurent, détournent ou se moulent dans les concepts ou les figures
du discours utilisés par chacun[1].

---

1. Je renvoie ici au débat entre Marcel Gauchet et Roger
Chartier où le premier critique la notion d'appropriation (en
tant que « activité dans la passivité ») comme n'allant pas assez
loin dans la reconnaissance de « la part *réfléchie* de la conduite
des acteurs, des *idées* qu'ils s'en forment, des *traductions* qu'ils
essaient de s'en procurer » (*Le débat,* n° 103, janvier-février
1999, p. 134) ; alors que le second en réaffirme le potentiel et
l'usage de fait par Gauchet lui-même. Il me semble qu'en effet
la notion vaut la peine d'être exploitée (à la suite des travaux
d'un Carlo Ginzburg par exemple) sans qu'il faille sous-estimer
ce que j'appelle ici sa « passivité laborieuse » (j'y reviens plus
loin).

VII

DE L'INTERPRÉTATION

Nietzsche est connu pour avoir affirmé qu'il n'y avait pas de faits, il n'y avait que des interprétations. En proposant une lecture de Nietzsche qui rejette clairement l'interprétation ou le commentaire, Vacher semble bien s'inscrire en faux contre cette déclaration. Il paraît vouloir ramener le philosophe à la lettre de ses textes, hors des figures illusoires du discours, loin d'un relativisme qui verrait chacun faire sa petite expérience personnelle du sens des énoncés ou des événements ; il paraît vouloir empêcher ce brouillage de la communication qui fait sauter de l'opacité d'une proposition aux multiples significations que le temps tiendrait en réserve pour que les interprètes y découvrent des trésors inattendus. Il se met ainsi en retrait de la forme générale de bien des enquêtes philosophiques modernes qui n'ont compris les sens d'un texte qu'en amenant au jour les interprétations qui s'y seraient déposées. C'est pourquoi j'avais souligné qu'un des aspects les plus stimulants de ce texte consistait sans doute dans cette tentative de court-circuiter toute l'opération classique de l'herméneutique : comprendre un texte ne se ramènerait pas à en fournir des interprétations.

Plus encore : en critiquant le « délire interprétatif » qui serait chargé de donner l'illusion de comprendre ce qui est incompréhensible chez un auteur et de voiler ce qui est le plus clair, alors que ce qui est obscur mérite de le rester et que ce qui est clair doit le demeurer de façon évidente, Vacher remet en cause la justesse de l'opération interprétative. Où arrêter les interprétations, comment les contrôler si l'on a indéfiniment affaire à elles ? Comment entendre exactement ce qui se dit clairement si le murmure indéfini des interprétations vient se glisser sous chaque mot et en troubler les apparences ? D'où le principe d'où part Vacher et que j'indiquais plus haut : ne déchiffrons pas ce qui est obscur puisque cela n'en vaut pas la peine et ne déchiffrons pas non plus ce qui est clair puisque c'est clair.

MENTALITÉ (FASCISTE) :
HERMÉNEUTIQUE OU INTERPRÉTATION ?

Le problème est que Vacher ne pose pas vraiment la question même de l'interprétation, on voit en fait qu'il est surtout intéressé à rétablir l'ordre : d'un côté, les bonnes interprétations, de l'autre, les interprétations excessives, délirantes, malsaines (et cette gradation permet de glisser de l'excès des mots chez Nietzsche à leur caractère fou puis foncièrement mauvais : le fascisme devient le révélateur de la pensée de Nietzsche). C'est bien pourquoi il en revient à l'idée d'une « logique secrète » qui traverserait le texte nietzschéen, une logique soigneusement cachée et brouillée par des énoncés obscurs et des interprétations idolâtres, une logique que la confrontation avec un résumé de la pensée fasciste révélerait enfin avec une clarté incontestable. Ce faisant, Vacher reste prudemment dans l'orbe de l'herméneutique.

L'usage même de la notion de « mentalité » répond, côté historien (sans que Vacher ait l'air de s'en rendre compte), à cette prévalence du modèle herméneutique, puisque cette forme d'histoire impose une plongée dans les profondeurs des structures afin de ramener à la surface des idées les origines inconnues et imperceptibles des façons habituelles comme des inventions surprenantes. Le succès, ces quarante dernières années, de l'histoire des mentalités tient certainement à sa tentative d'harmoniser deux vitesses : « histoire de la lenteur dans l'histoire », l'histoire des mentalités se situe en fait « au point de jonction de l'individuel et du collectif, du temps long et du quotidien, de l'inconscient et de l'intentionnel, du structural et du conjoncturel, du marginal et du général[1]. »

Mais cela au prix d'un *a priori* paradoxal qui passe d'autant plus facilement inaperçu dans le monde intellectuel qu'il prend à rebrousse-poil son bon sens : l'histoire des mentalités étudie

---

1. Jacques LE GOFF, « Les mentalités : une histoire ambiguë », dans *Faire de l'histoire III : nouveaux objets.* Sous la direction de Jacques LE GOFF et Pierre NORA, Paris, Gallimard, 1986, p. 114 et p. 111.

> la tradition, c'est-à-dire les façons dont se repro-
> duisent mentalement les sociétés, les décalages,
> produit du retard des esprits à s'adapter au
> changement et de l'inégale vitesse d'évolution
> des différents secteurs de l'histoire. [...] L'inertie,
> force historique capitale, qui est plus le fait des
> esprits que de la matière, car celle-ci est souvent
> plus prompte que ceux-là[1].

Il faut, en effet, assigner à l'*esprit* la lenteur et la
pesanteur usuellement accordées à la *matière* pour
que soit rendue possible sa descente dans les profondeurs de l'histoire.

Pourtant, la difficulté surgit lorsque l'histoire des
mentalités tente, pour ainsi dire, de remonter à la
surface : une fois que l'on a alloué à l'esprit la force
de l'inertie, comment saisir les pointes émergées
(autrement dit les « pointes de vitesse ») de telle ou
telle invention scientifique ou artistique ? La
structure inscrit l'événement dans ses effets, dans sa
sérialité, dans sa longue durée. Ainsi l'événement
ne serait jamais que ce qui « remue les profondeurs[2]. » Structure et événement sont, dès lors,
assignés à deux modes de production temporelle :
la durée, d'un côté, l'instant, de l'autre, et figés dans
deux états spatiaux : la surface pour l'un, la profondeur pour l'autre ; ou, pour le dire plus rapidement,
ils constituent une histoire à deux vitesses : vitesse-

---

1. *Ibid.*, p. 113.
2. Georges DUBY, *Le chevalier, la femme et le prêtre*, Paris,
Hachette, 1981, p. 22.

surface et vitesse-profondeur. Le problème de l'historien devient alors de savoir synchroniser ce qui fut désynchronisé[1]. Et le problème du philosophe est de parvenir à passer de la profondeur des mentalités à la surface des textes.

C'est bien ce problème auquel doit faire face Vacher lorsqu'il essaye de faire remonter la logique de la mentalité fasciste dans la lettre des textes nietzschéens. Il rejette l'interprétation, mais il garde le principe herméneutique. Alors que c'est exactement l'inverse qu'il faudrait faire : *conserver l'interprétation comme art des points de vue, mais refuser de nouer l'événement et la structure avec le joli fil des secrètes profondeurs.*

L'HÉRITAGE DE L'HERMÉNEUTIQUE ET L'HÉROÏSME DES PROFONDEURS

Cela dit, cette tentative, même maladroite, de remise en cause du modèle herméneutique recoupe d'autres essais beaucoup plus poussés. Elle participe sans doute d'un nouvel horizon de pensée qui tente de se défaire de l'héritage herméneutique afin de saisir autrement la compréhension des phénomènes, voire de relégitimer des modes de production qui ne soient pas réductibles à la

---

1. On repère la même obsession dans un autre ordre théorique : l'idée du Big Bang et de l'univers en expansion permet à certaines théories physiques de rendre pensable qu'à un moment de notre temps nous puissions devenir *contemporain de notre origine* – synchronisation du désynchronisé par excellence.

reconnaissance de significations[1]. Il faut donc s'interroger sur les problèmes que peut susciter le modèle herméneutique, afin d'apprécier s'il suffit de renvoyer les lecteurs aux énoncés qu'on prétend clairs pour esquiver la question de l'interprétation.

L'herméneutique naît dans une conjoncture spécifique. Les philologues alexandrins ou les théologiens protestants ont connu à des siècles de distance le même problème : héritant d'un texte qu'ils considéraient comme sacré (Homère, pour les uns, est la source de la plus grande poésie et de la plus sûre fondation de l'hellénisme ; la Bible, pour les autres, dit l'origine du monde et transmet la parole de Dieu), il se trouvait que nombre d'énoncés apparaissaient difficilement compréhensibles. Sous la similitude aveugle du grand texte se glissaient des mots aux contours imprécis, des tournures aux aspects décidément étranges, des figures dont on ne sentait plus l'évidence s'imposer, et qui en troublaient la trame ininterrompue. Alors que ces textes devaient dire l'identité immédiate des êtres qui les recevaient au nom des principes qui s'y trouvaient déposés, c'est l'identité des textes eux-mêmes qui vacillait, puisqu'on ne parvenait plus à en comprendre toutes les significations.

---

1. Voir, par exemple, Vincent DESCOMBES, *Grammaire d'objets en tous genres,* Paris, Minuit, 1983 ; Jacques BOUVERESSE, *Herméneutique et linguistique,* Combas, Éditions de l'éclat, 1991 ; Hans-Ulrich GUMBRECHT, *Production of Presence : What Meaning Cannot Convey,* Stanford, Stanford University Press, 2004.

Cette obscurité des textes venait sans doute de leur éloignement dans le temps : la syntaxe avait évolué, les usages stylistiques avaient changé, les mots ne recouvraient plus exactement les mêmes référents, mais on ne pouvait admettre qu'un texte sacré fût soumis au temps, que la nappe cohérente et solide de ces paroles puisse être fragmentée et déplacée par l'histoire. Deux solutions s'imposaient alors : soit proposer une critique historique de ces textes et renoncer à leur caractère sacré, soit maintenir leur grandeur originaire et supposer que des significations cachées couraient sous la lettre opaque des œuvres.

La seconde solution offrait un double avantage : elle conservait la sacralité de ces legs anciens (il est toujours difficile de se passer de telles instances quand on veut justifier sa présence au monde) et elle favorisait l'institution d'une caste d'experts en interprétation (il est toujours délicat pour un savant de reconnaître qu'il ne comprend rien à un texte qu'il doit expliquer, il préférera prétendre qu'il doit créer de nouvelles procédures d'élucidation du sens).

Ces techniques herméneutiques répondaient donc à des objectifs précis et limités. L'exemple des érudits alexandrins demeura fermement arrimé au monde des textes anciens et investit tout au plus l'exégèse des Pères de l'Église, puis des théologiens. Mais l'herméneutique développée par la lecture directe de la Bible chez les protestants (ou chez certains catholiques) impliqua un espace plus vaste où vinrent se loger beaucoup plus que les érudits. D'autant que les techniques d'interprétation supposaient un modèle de pensée qui allait concorder avec le jeu politique des signes : l'idée de rapports de force voilés sous les effets légitimants de l'autorité étatique et des rapports de droit supposait, elle aussi, que des significations secrètes vinssent irriguer sourdement les décisions en apparence les plus banales. L'herméneutique biblique alimentait de sa quête des profondeurs la publicité du politique ouverte aux investigations de tout un chacun.

Il suffisait alors de donner aux mutations ordinaires des discours les aspects de couches continues de sens, les uns clairs et évidents, les autres opaques et cachés, pour que les interprétations fussent impliquées dans chaque acte de compréhension. Comme en vient à l'affirmer Hans-Georg Gadamer, « toute compréhension est une interprétation », même si elle n'en a pas l'air. Ce ne sont pas seulement les significations qui se sont retirées dans l'épaisseur obscure du langage, les interprétations se sont aussi blotties dans la prospérité accueillante de la compréhension. Du coup, cela implique d'introduire systématiquement entre le fait de comprendre et le fait compris un tiers qu'on appelle interprétation.

S'il est, en effet, possible en certains cas de recourir à une interprétation pour pouvoir comprendre un phénomène ou un discours, ce n'est pas le cas en chaque occasion. Je suis en général capable d'expliquer ce que j'ai compris – autrement dit de fournir une interprétation d'un message ou d'un événement quelconque –, mais cela n'indique pas pour autant qu'il y a toujours une interprétation qui s'est insérée subrepticement entre l'activité de la compréhension et ce qu'il fallait comprendre. L'herméneutique a élevé un cas particulier d'incompréhension au rang de comportement universel ; elle a fait de l'expérience d'une difficulté la difficulté de toute expérience.

Laurent-Michel Vacher a tout à fait raison de parler, avec une subtile auto-ironie, de la « sous-culture » de la philosophie et de ses usages interprétatifs problématiques. On doit aller même plus loin et voir combien l'herméneutique a alloué à une procédure éminemment savante la figure d'un usage ordinaire du langage ou du rapport aux autres. La facilité étant, bien entendu, de concéder parfois l'absence d'interprétation évidente pour mieux l'enfouir dans des substrats implicites, quand ils ne sont pas inconscients – manière usuelle de donner au problème d'un groupe social la tournure allègre de la révélation d'une essence, par définition profonde et mystérieuse.

Le monde éclairé par le phare herméneutique est encore celui des devins anciens, tout y fait sens – du coup, le moindre problème de compréhension devient une affaire d'État : il est interdit que quelque chose ne signifie pas. Le non-sens est un non-sens pour l'interprète, qui se fera un plaisir de lui faire rendre gorge de toutes les significations secrètes qu'ils détenaient perversement, montrant ainsi qu'il n'y avait, en effet, pas de non-sens. Il n'existerait pas de non-sens, pour l'herméneute, seulement des significations ignorées ou retenues,

des méprises volontaires ou non, de bien compréhensibles incompréhensions. Pourquoi ce refus du
non-sens, ou même d'une banale opacité des phénomènes ? C'est encore que le sacré règne en
maître dans le pays du sens : le secret y est organique, les significations intimement présentes partout
et l'interprétation vitale à chaque instant.

Dans un magnifique roman de Stanislas Lem, *La
voix de son maître,* un mathématicien est persuadé
que, dans un faisceau d'ondes spécifiques provenant du lointain espace, réside en fait un message
extra-terrestre : la question n'est pas, d'abord, de
déchiffrer ce message, mais bien de le reconnaître
comme message. Si ces ondes sont le simple fait du
hasard et leur apparente organisation un résultat de
processus stochastiques, alors il est manifestement
inutile de chercher à les déchiffrer. Dans une certaine mesure, nous pouvons faire une expérience
similaire et beaucoup plus ordinaire, lorsque nous
croyons discerner chez quelqu'un un intérêt particulier pour nous : avant d'interpréter tel sourire ou
telle attention comme dévoilant un sentiment plus
fort que la courtoisie élémentaire dont nous
sommes censés faire preuve entre gens de bonne
compagnie, encore devons-nous être certains que
ce sourire ou cette attention constituent bien un
message (qu'il soit d'ailleurs volontaire ou non).
Mais ce sont justement là des situations tout à fait
particulières : on ne reçoit pas tous les jours de possibles messages extra-terrestres ni – heureusement
peut-être (nous serions trop occupés) – de tacites
invitations amoureuses. Quand le psychanalyste dé-

piste sous le plus petit détail de la vie quotidienne un symptôme pathologique, il nous plonge dans un univers aussi saturé de significations que l'était celui des oracles et des augures.

Encore les augures, au départ, avaient-ils l'habitude de délimiter l'espace dans lequel ils seraient aptes à lire les signes convenus : du bout de leur bâton à la crosse recourbée, ils traçaient des lignes dans le ciel entre lesquelles il fallait que se manifestassent les volontés des dieux. Originellement, l'interprétation n'était pas herméneutique : il ne s'agissait pas de révéler un destin caché prédéterminé (comme c'est déjà le cas à la période hellénistique : *heimarménè* est la puissance hermétique qui soumet l'histoire des hommes aux ordres du cosmos), mais d'octroyer aux lois des hommes la plénitude de puissance qui existe dans le droit des dieux, de ceux qui sont les plus puissants. *Augur* est le relais du *droit des forts,* le védique *ojas* désigne une réserve de force dans laquelle le héros puise le pouvoir d'accomplir ses exploits et *augur* la plénitude de cette force : l'augure est ainsi celui qui accueille les signes manifestes de cette plénitude de puissance des dieux afin de légitimer l'ordre des hommes sur terre.

Il faut que le rapport au sacré ait considérablement changé pour que le devin soit simplement celui qui lit les signes du destin futur : l'illumination extérieure est devenue révélation intérieure[1].

---

1. Voir Georges DUMÉZIL, *Idées romaines,* Paris, Gallimard, 1969, p. 79-102 ; et Edmond ORTIGUES, *Religions du livre et religions de la coutume,* Paris, Le Sycomore, 1981, p. 39-57.

L'herméneute ne transmet plus la puissance des dieux aux hommes élus ; il force tous les hommes à reconnaître en eux la puissance du sens en eux-mêmes, voire pour eux-mêmes.

Car il y a un héroïsme revendiqué à se lancer sur la trace des signes, à traverser les épreuves initiatiques des significations illusoires laborieusement décelées, écartées et rectifiées : saint Graal du sens. Mais il faut bien interpréter : Œdipe avait d'office tous les éléments à sa disposition et il n'a pas manqué de suivre *à la lettre* le discours de l'oracle précisément parce qu'il croyait en fuir les conséquences. Le monde saturé de sens est aussi un monde du faux-sens ou du contresens qui guette l'herméneute un instant égaré.

LA PEUR DES INTERPRÉTATIONS

Il ne s'agit pas, pour moi, « bien entendu », de prétendre que l'on n'interprète jamais, qu'il n'y a pas beaucoup de significations dans le monde, que tous les messages sont toujours transparents et que personne n'a jamais cherché à cacher certaines pensées ou certaines réalités sous des paroles enchanteresses. Mon propos est de souligner au contraire qu'il existe bien des cas (nombreux) où il est nécessaire d'interpréter et qu'il arrive certainement à des rapports de force de se travestir dans des discours généreux. Mais c'est à partir du moment où l'on comprend bien la singularité des situations dans lesquelles l'interprétation est utile qu'elle s'exerce justement à plein – et non si on en dissout l'importance dans une abusive généralisation et dans un héroïsme des profondeurs.

Il existe des phrases claires, dont le sens est limpide au moins pour les personnes à qui elles sont immédiatement destinées (que cette phrase en fasse partie est, bien sûr, ce que je souhaite). Mais, dans le contexte des discours philosophiques, il est clair que certaines propositions ne le sont pas du tout : pas seulement en fonction d'une technicité du discours philosophique (après tout, je ne comprends rien quand mon mécanicicien se met à me parler de la panne de ma voiture, je ne suppose pas forcément pour autant qu'il cherche à m'abuser et me faire payer une réparation inutile ni que d'autres personnes plus ferrées que moi en mécanique ne le trouverait pas clair), mais surtout en fonction de généralisations qui ne renvoient pas à certaines formes d'expérience quotidienne :

> Il arrive naturellement que j'interprète des signes, que je donne une interprétation à des signes ; mais tout de même pas à chaque fois que je comprends un signe ! (si l'on me demande « quelle heure est-il ? », aucun travail d'interprétation n'a lieu en moi ; je réagis au contraire simplement à ce que je vois et entends.) Quelqu'un lève un couteau sur moi, je ne dis pas à ce moment-là : « j'interprète cela comme une menace[1] ».

---

1. Ludwig WITTGENSTEIN, *Grammaire philosophique*. Édition préparée par Rush Rhees, traduit par Marie-Anne Lescourret, Paris, Gallimard, 1980, § 9, p. 56.

C'est pourquoi il est judicieux de mettre en garde contre les non-sens latents qui émaillent les discours philosophiques, voire contre certains délires d'interprétation caractéristiques de ces discours. Est-ce à dire qu'il ne faille plus *du tout* interpréter ? Loin de là. La compréhension d'un noyau fascinant dans la pensée de Nietzsche peut-elle être montrée par portrait-robot interposé sans le moindre commentaire ? Certes non. J'ai tenté de montrer que ces procédures ne permettaient pas de mettre honnêtement en valeur les significations de l'œuvre de Nietzsche, sans même avoir besoin de proposer une interprétation de Nietzsche qui irait contre cette référence au fascisme. Douter du principe d'interprétation et du régime obnubilé du sens ne conduit pas automatiquement à n'approuver que cette police de la pensée qui espère mettre des énoncés platement (ou illusoirement) factuels à la place des figures mouvantes des êtres. Ce serait remplacer l'art des points de vue par l'information journalistique.

Pourquoi une telle police des énoncés ? D'une part, cela réclame moins d'effort pour comprendre un auteur comme Nietzsche et cela évite d'entrer dans le détail de son œuvre (compliquée il est vrai). D'autre part, une fois que tout est devenu si clair, on n'a plus besoin du tout d'interpréter. Le portrait-robot suffit, même si de multiples visages peuvent se glisser sous ses traits. L'avantage est que l'on a débarrassé du plancher de la discussion intellectuelle ce qui en fait l'essentiel par *peur* des interprétations (il faut, certes, se méfier du régime généralisé des interprétations, non les craindre lors-qu'elles sont nécessaires).

Car c'est là un des aspects de l'anti-intellectualisme : le refus et la crainte des interpré-tations, le risque (toujours présent, toujours redou-table, toujours motivant) du délire interprétatif. Mais c'est en prenant ce type de risque (modeste, n'exa-gérons rien) que l'on peut appréhender la richesse d'une pensée. *On s'appauvrit intellectuellement en appauvrissant une œuvre. Au contraire, on s'enrichit de ce qu'on y développe.* Être un « maître », pour Nietzsche, consiste justement à prendre ces quelques risques (à commencer par l'acceptation que certains textes nous dépassent et que, s'ils nous sont obscurs, on peut raisonnablement supposer qu'ils réclament de nous un travail plus grand et une intelligence plus développée) et à se mettre à la hauteur des œuvres dont nous avons hérité.

L'ESTHÉTIQUE CONCEPTUELLE DU CLAIR-OBSCUR

C'est ce qui donne aux enquêtes intellectuelles une tournure qu'on pourrait dire « esthétique » : comme il nous arrive de rester immobile à contem-pler les mouvements des feuilles agitées par le vent, la promenade musculeuse d'un fauve ou la démarche hésitante d'une vieille personne en nous laissant envahir par la poignante beauté de ces mo-ments, le genre d'attention intellectuelle portée aux mots, aux tournures de phrases, au mouvement des idées, à la logique d'une situation nous livre à ce type de dilatation du temps. Tout à coup, les mots bruissent de sens multiples, les phrases bougent et sonnent différemment, des images surgissent du papier taché d'encre.

Il serait erroné de réduire les expériences esthétiques aux couloirs des musées ou aux jardins botaniques : une rue fraîchement asphaltée ou une page de philosophie peuvent devenir l'occasion d'une contemplation dont le premier mouvement est toujours celui de l'étonnement. Nous nous laissons alors envahir par un sentiment d'étrangeté dû à la présence soudaine de ces fragments de monde qui ont la curieuse faculté de résider momentanément en nous, tout en restant obstinément en dehors de nous. Je rappelle ici des choses qui ont été dites mille fois, mais dont on oublie parfois l'impact sur la vie de l'esprit en général, comme si la beauté d'un objet d'art ou d'une chose du monde générait un sentiment tout à fait extérieur à celui qu'engendre la beauté d'un raisonnement, d'une analogie ou d'une image en philosophie. De part et d'autre, on accepte de dériver au fil des œuvres, on cherche dans la passivité de cette contemplation le ralentissement nécessaire pour parvenir à s'oublier soi-même. Telle est peut-être la source du sentiment de plénitude et de précarité que nous ressentons dans ces moments-là : en nous délestant de nous-mêmes, le monde nous habite et nous abandonne du même mouvement.

Il est, bien sûr, assez simple d'opposer le sujet comme centre d'action et la passivité d'une contemplation, la quête de résultats dans le bavardage journalistique et la richesse des problèmes dans la lenteur intellectuelle. Cette simplification nous amènerait justement du côté de l'évidence journalistique. Si l'on veut complexifier, c'est-à-dire donner une tournure plus *réelle* à ces observations (car le réel est rien moins que simple), il faut alors penser une *passivité laborieuse*. Car le travail ne réside pas du seul côté de l'activité et de la quête des résultats, bien au contraire. La passivité du lecteur ou du contemplateur est une autre façon d'agir dans le monde, par *appropriation,* en mettant à l'écart la nécessité d'y intervenir directement. Ou, plus exactement, c'est la contemplation qui nous décale par rapport aux multiples activités quotidiennes, qui nous fait faire un pas de côté afin que nous percevions sous un angle inattendu la réalité trop facilement visible : voilà l'art du point de vue.

Il arrive que l'on fasse des artistes, voire parfois des philosophes, des visionnaires, des personnes qui permettent de voir l'invisible. Ou, dans une variante plus subtile, plus matérialiste aussi, des personnes qui rendent visible ce que nous avions précisément depuis longtemps sous les yeux. Comment est-ce possible ? Par le petit pas de côté qu'ils nous amènent à faire, éloignant de nous le centre d'action du corps afin que nous appréhendions plus justement le monde autour de nous et en nous.

Il ne faut donc pas souscrire au modèle plus ou moins mythique du Voyant dont le regard transcendant traverserait tous les objets et distinguerait l'invisible sous le visible – modèle aussi de la procédure herméneutique qui déniche sous la trivialité de la surface de profondes vérités, voire sous l'écume des apparences la vérité de la profondeur comme telle. Car il n'existerait de vérité que profonde et, réciproquement, de profondeur que véritable. L'interprète serait alors celui qui creuse les apparences, qui travaille à rendre accessible le trésor secret jusqu'alors caché. Pourtant, la pauvreté manifeste du secret si bien gardé frappe bien souvent les auditeurs, comme en psychanalyse l'incroyable richesse des procédures débouche sur des secrets d'une affligeante banalité : j'aime ma mère, je hais mon père (ou l'inverse), je cherche à mourir et à ne pas mourir. Tout se passe comme si, en remontant des profondeurs, le secret prenait le goût dérisoire de la triviale surface.

Alors que le principe du léger écart, parfois à peine perceptible, ne rompt pas avec la surface, n'en découvre pas de vérité cachée ; il offre simplement à la considération de chacun ce qui se donnait depuis longtemps à l'intelligence de tous, mais que la perspective quotidienne ou les illusions interprétatives de la philosophie ne nous permettait pas d'apprécier. Le vrai secret de l'interprétation n'est pas de plonger aventureusement dans des profondeurs, par définition inquiétantes ; il consiste à rester prudemment (au sens de l'antique prudence qui était une intelligence des phénomènes et non un désir béat de sécurité) à la surface en s'écartant simplement des trajets tout faits.

D'où l'attention à des matérialités ignorées ou à des ambiguïtés oubliées par l'action. Si je veux frapper dur et fort, je ne fais pas dans la nuance (comme le dit justement le sens commun). L'intellectuel, qui par définition recherche une intelligence de ce qui arrive, ne cesse au contraire de scruter cette frange trouble des nuances qui auréole chaque action. Il faut, bien sûr, renoncer alors au caractère héroïque de cette plongée dans les profondeurs, dans la mesure où le petit pas qui nous met à l'écart et nous rend attentifs à ces nuances à peine distinctes qui entourent les actions de chacun nous laisse passivement à la surface des phénomènes. Ce petit pas nous indique simplement que derrière ou sous les apparences, il n'y a rien. *Il s'agit à chaque fois de lier ce qui apparaît à d'autres manifestations qui ont eu lieu sans voir ailleurs que dans ces liaisons la possibilité d'un sens de ce qui est ou a été.*

Le journalisme essaye, lui aussi, de faire croire parfois que, sous les apparences qu'il décrit si complaisamment, se cachent des secrets inavouables, alors que le secret du journalisme est d'afficher tous les jours que les nouvelles du monde tiennent tout entières aux strictes apparences qu'il décrit. Mais une description obnubilée par ce qui apparaît, obsédée par l'affairisme du direct. Alors que le pas de côté ne tente pas de faire percevoir autre chose que le journalisme mais à le faire voir ou entendre autrement, à nous en enrichir non comme une information à ajouter au petit trésor du quotidien, mais comme une formation de ce que nous pouvons devenir. Au lieu de cette clarté tant vantée ou de cette opacité tant redoutée, il faut reconnaître ce *clair-obscur* qui auréole l'intelligence de ce qui arrive.

Dans ce souci du clair-obscur n'apparaît pas simplement le désir de donner toute sa complexité au tissu inextricable de la vie, mais aussi la volonté de partager avec les autres la subtilité des événements (subtilité au sens d'intelligence et subtilité au sens de volatil). C'est ce partage qui donne une dimension proprement politique à la recherche (et non une solitude dorée de l'intellectuel loin du monde). Comme le souligne Jean-Luc Nancy dans sa propre enquête sur l'herméneutique, il faut que celle-ci renonce à présupposer la propriété d'un sens, la pré-appropriation des significations, car cela donne lieu à une

> dérobade, éthique et politique. Le partage (le dialogue) y est compris comme une nécessité provisoire, que celle-ci soit heureuse ou malheureuse, qu'elle soit enrichissement ou achoppement de la communauté des interlocuteurs. À l'horizon demeure une communion, perdue ou à venir, dans le sens. Mais ce qu'est la communion, en vérité, n'est en jeu que dans la communication. Ce n'est pas un horizon, ni une fin, ni une essence. Elle est faite du partage, elle comprend le partage infiniment fini de l'autre à l'autre, de toi à moi, de nous à nous. Et elle est comprise par lui. La communauté reste à penser selon le partage du *logos*. Cela ne peut sûrement pas faire un nouveau *fondement* de la communauté. Mais cela indique peut-être une tâche inédite à l'égard de la communauté : ni sa réunion, ni sa division, ni son assomption, ni sa dispersion, mais son *partage*. Le temps est peut-être venu de renoncer à toute *logique* fondatrice

> ou téléologique de la communauté, de renoncer
> à *interpréter* notre être-ensemble, pour com-
> prendre en revanche que cet être-ensemble
> n'est, pour autant qu'il est, que l'être-partagé[1].

La communauté, la possibilité de vivre ensemble, commence justement par ces appropriations du clair-obscur et non par la limpidité d'un fondement ou par l'opacité d'un destin.

Encore ne faut-il pas céder aux orchestrations claironnantes de l'étonnement. L'herméneute est celui qui s'étonne à tort et à travers, qui croit qu'en chaque chose un sens silencieux s'est glissé que seul l'étonnement peut ramener au jour. Comme le sceptique ne sait jamais où suspendre son doute alors qu'il tâche de suspendre tous ses motifs de ne pas douter, l'herméneute ne parvient jamais à stopper le mouvement de l'interprétation, puisque les profondeurs sont, par définition, insondables. Le petit pas d'écart à la surface des événements suffit à repérer où devrait s'arrêter le travail de l'interprétation, avant de tomber dans un parfait délire.

Lorsque Socrate s'étonne de ce que suppose le sophiste Protagoras, à savoir que l'on peut éduquer les citoyens à devenir de judicieux membres de leur cité, autrement dit à les rendre meilleurs et plus vertueux politiquement, Protagoras s'amuse à retourner ce divin étonnement socratique et à souligner combien il est, au contraire, surprenant d'éprouver une telle surprise, car l'art de juger des affaires de

---

1. Jean-Luc NANCY, *Le partage des voix,* Paris, Galilée, 1982, p. 90.

la cité, s'il est bien le partage de chacun, est déjà enseigné par les parents qui disent comment agir à leurs enfants ou par l'apprentissage de la langue elle-même. Il suffit d'un peu de sémantique : le verbe *hellenizein* signifie tout à la fois parler, parler bien et parler grec. Dans ce repli sémantique se joue déjà toute une conception du politique que Socrate a l'air d'ignorer somptueusement lorsqu'il se lance dans sa quête de l'essence (bien sûr profonde) de la vertu. Il faut le regard étranger de Protagoras d'Abdère pour faire apercevoir ce qui se tient sous les yeux de chacun.

L'écart vise le plus ordinaire et ce qu'il y a de plus ordinaire, dans la langue, réside justement dans ces jeux d'homonymie, dans cette frange de clair-obscur qui auréole les paroles échangées, dont Socrate aimerait bien se débarrasser, alors qu'ils constituent la plasticité indispensable de la langue et, donc, du rapport aux autres à l'intérieur ou à l'extérieur de la cité. Mais Protagoras n'est qu'un sophiste…

VIII

DE LA CLARTÉ EN PHILOSOPHIE :
LE CAS DESCARTES

La clarté est, à l'évidence, l'enjeu ouvertement revendiqué de l'ouvrage de Laurent-Michel Vacher. Une certaine philosophie pécherait par manque de clarté, soit qu'un auteur abuse d'un style trop ouvragé pour jeter de la poudre faussement géniale aux yeux des lecteurs, soit qu'un interprète découvre sous des passages obstinément obscurs les trésors illusoires d'une si subtile connaissance. Pourtant, nous avons vu que le style est aussi l'affaire de la philosophie et le clair-obscur la nécessité d'une vraie pensée. Il ne suffit donc pas de problématiser l'opacité d'une œuvre, il faut aussi interroger la manifestation même de la clarté.

Comme il ne s'agit pas ici de montrer que Nietzsche est plus clair qu'on ne croit sans être, pour autant, un esprit fascisant, mais de profiter de la critique de Laurent-Michel Vacher pour expliciter, pour rendre plus clairs, certains présupposés de lecture, voire certaines manières de concevoir ce qu'est une lecture, je vais plutôt prendre le cas d'un philosophe qui recherche explicitement la clarté et qui, de fait, emploie une prose qui semble éminemment claire : René Descartes. Mon propos n'est pas d'en proposer une énième « interprétation », mais de faire le pas de côté nécessaire pour saisir comment se nouent dans l'expérience fameuse du *cogito* diverses productions opérant à des échelles différentes. On verra ainsi ce que l'histoire intellectuelle peut produire quand elle souscrit à l'art des points de vue (conçus comme autant de problèmes), y compris des perspectives ouvrant sur les coulisses.

L'EXPÉRIENCE DU *COGITO*
ET LA COMMUNICATION ANGÉLIQUE

On connaît, bien entendu, ce qui amène Descartes à octroyer à la réflexivité de la pensée la valeur d'un fondement et d'une certitude enfin conquise sur le monde des illusions et des apparences. Cette réflexivité suppose, à la différence de ce que produisent les sens, une immédiate transparence à soi-même : dans le moment où je suis en train de penser (*cogito*) je peux réaliser que je suis (*ergo sum*) – la certitude vient d'une abréviation de la proposition : je pense, donc je suis… une chose pensante en train de penser qu'elle pense. C'est sur la communication à soi-même que se fonde la communication en général, mais une communication qui parvient à en esquiver toutes les matérialités (donc toutes les illusions ainsi générées) en n'opérant qu'au niveau de la pure intelligence. Le dualisme de Descartes trouve sa validation dans cette valeur éminente de la pensée opposée à l'étendue de la matière. Le *cogito* donne à l'individu, à tout individu, la possible expérience d'un accès immédiat au monde de la pensée : celle-ci ne s'oppose pas à l'étendue comme le temps s'oppose à l'espace, car le *cogito* semble bien échapper au temps, dans la mesure où il est à chaque fois possible d'y avoir recours, peu importe la situation dans laquelle on se trouve.

On connaît la célèbre formule du *Discours de la méthode* :

> Et ayant remarqué qu'il n'y a rien du tout en ceci : *je pense, donc je suis*, qui m'assure que je dis la vérité, sinon que je vois très clairement que pour penser il faut être, je jugeai que je pouvais prendre pour règle générale, que les choses que nous concevons clairement et distinctement sont toutes vraies[1].

Dans les *Méditations métaphysiques*, Descartes fait même l'économie du verbe penser et de la connexion logique (le *donc*) entre les verbes, dans la mesure où il suffit de reconnaître que l'énoncé *ego sum, ego existo* (je suis, j'existe) suppose immédiatement cette existence en tant que pensée de façon quasi performative.

Or, pour qui connaît un peu l'angélologie médiévale, ces caractéristiques de l'expérience du *cogito* évoquent des éléments très familiers. Les anges sont un élément essentiel de l'univers ancien, dans la mesure où ils servent de médiateurs

---

1. René DESCARTES, *Discours de la méthode,* Paris, U.G.E., 1951 [1637], 4e partie, p. 62.

indispensables entre les hommes et Dieu : ils mani-
festent le Seigneur en même temps qu'ils orientent
ceux qui ont été créés vers leur Créateur. Le monde
antique et médiéval est un monde qualitatif hétéro-
gène qui implique une hiérarchie des êtres (l'échelle
où montent et descendent les anges, comme la voit
Jacob dans son rêve, est une allégorie de cette possibilité de circuler et de communiquer entre les
qualités hétérogènes de Dieu, des anges et des
hommes), alors que l'univers moderne suppose une
réalité géométrique homogène qui implique une
égalité naturelle des hommes (et un éloignement
radical de Dieu). Dans cette réalité géométrique
homogène, l'étendue cartésienne en est la version
matérielle tandis que la pensée en figure la vertu
spirituelle, au point que les caractères des anges
s'abîment, désormais, dans le point focal du *cogito*.

En effet, les anges sont de pures intelligences,
immatérielles, sans dimensions quantitatives (sans
« magnitude », donc sans étendue) puisqu'ils sont
seulement virtuels ; ils perçoivent tout immédiatement, par une intuition ou une vision hors du temps
(opposée à la temporalité discursive et composée
de l'esprit humain) ; ce sont de parfaits individus
(pas un ange qui ressemble à un autre, pas même
un ange qui relève de la même espèce qu'un
autre) ; les anges sont immédiatement connaissa-
bles à eux-mêmes en leur substance intellectuelle
(ils n'ont pas besoin, comme les hommes, du relais
ou de la résistance des objets du monde pour se
connaître ou se percevoir eux-mêmes) ; ils communiquent par leur seule volonté, sans aucune

médiation (mais ils peuvent garder des secrets, s'ils le désirent, par rapport aux autres anges). Tout se passe comme si Descartes avait récupéré les propriétés des anges de la scolastique médiévale et les avait réinvestis dans sa quête d'un sujet proprement humain[1]. Désormais, il n'est plus nécessaire à l'homme de passer par la perception du monde extérieur pour fonder son rapport à soi, il lui suffit de se retourner sur le miroir de sa propre pensée et de faire l'expérience immédiatement intelligible de sa propre intelligence. L'homme existe comme individu dans la mesure où il a l'intuition de ce qu'il est au moment où il le pense : un être pensant.

Mais il demeure deux problèmes dans ce recyclage de l'angélologie scolastique : d'abord, celui de la communication aux autres, ensuite celui du temps. À l'inverse des anges, les hommes doivent passer par la médiation du langage et leur intuition d'eux-mêmes ne peut s'éprouver hors d'un moment du temps, comme nous allons le vérifier.

Comment Descartes énonce-t-il précisément la solution du *cogito* ?

après y avoir bien pensé, et avoir soigneusement examiné toutes choses : Enfin il faut conclure, et tenir pour constant, que cette proposition, *Je suis, j'existe,* est nécessairement vraie, toutes les

---

1. Je résume, pour aller rapidement, l'angélologie de saint Thomas d'Aquin, *Somme théologique*, Ia, qu. 50-58. En bon thomiste, Jacques Maritain avait déjà repéré ce qu'il considérait comme une dégradation de la vertu des anges dans la puissance moderne du *cogito* (*Trois réformateurs : Luther, Descartes, Rousseau,* Paris, Plon, 1925).

fois que je la prononce, ou que je la conçois en mon esprit[1].

Ce mouvement auto-réflexif du *cogito* permet donc de saisir, dans une transparence à soi impeccable, que chaque fois où je pense que j'existe, j'existe bien en effet au moins comme une chose pensante. La première idée claire et distincte est celle qui se retourne sur sa propre pensée, comme une conscience angélique immédiatement intelligible à elle-même, pour en cueillir la fraîche évidence.

On a, pourtant, rarement insisté sur le mouvement de l'énonciation elle-même (surtout dans le latin de l'original) : « *hoc pronuntiatum*, Ego sum, ego existo, *quoties a me profertur, vel mente concipitur, necessario esse verum* », ce qui, très littéralement, se traduit par « cette énonciation, je suis, j'existe, chaque fois que je la profère ou que je la conçois en mon esprit, est nécessairement vraie. » Il faut, d'abord, noter l'allusion à la catégorie classique de la rhétorique, la *pronuntiatio,* qui concerne le discours en action, la performance éloquente elle-même : en en faisant une « proposition » comme le propose le duc de Luynes, traducteur des *Méditations,* on neutralise et la référence à la rhétorique et la qualité proprement performative du discours. Ensuite, on peut remarquer l'équivalence entre la parole prononcée et la conception

---

1. René Descartes, *Meditationes de prima philosophia : Méditations métaphysiques.* Traduit par de Luynes, introduction et notes de Geneviève Rodis-Lewis, Paris, Vrin, 1970 [1641], p. 25.

mentale : tout tient à un petit mot, le *vel* (ou) qui fait comme si, que je dise clairement ou que je conçoive dans mon esprit le fait que j'existe, l'opération ne change pas fondamentalement : ce qui permet là aussi d'escamoter la présence matérielle de la performance de parole, à la manière de la communication angélique qui n'a nul besoin de l'univers empirique des sens ni de la matérialité opaque du langage. Enfin, on doit souligner la double dimension *tacitement* présente dans cette énonciation : le temps (*quoties,* chaque fois que) et le langage (*profertur,* je profère). Or, ces deux dimensions vont, comme je le faisais remarquer, poser rapidement des problèmes dont il n'est pas sûr que nous soyons aujourd'hui sortis…

Commençons par le temps. Cette inscription dans le temps est cruciale puisqu'elle donne accès à l'idée claire et distincte de mon existence comme chose pensante, mais seulement dans le moment de la performance orale ou mentale. La question que ne peut manquer de poser Descartes deux pages plus loin est alors : « je suis, j'existe, cela est certain ; mais combien de temps [*quandiu*] ? à savoir autant de temps [*Nempe*] que je pense ». Cette certitude de l'existence, en se fixant sur le pivot du *cogito*, fige aussi l'existant dans une pose hallucinée au creux du miroir de sa pensée, dont rien n'indique qu'elle peut assurément se déployer au-delà du court trajet de l'instant (l'existence humaine n'a pas l'éternité angélique devant elle). Il faudrait donc que le sujet cartésien répète et répète encore, à chaque instant, l'opération de l'énonciation pour qu'il soit assuré de traverser le temps d'un pas débonnaire.

Cependant, qu'est-ce qui m'assure que cette même pensée-existence se conserve bien dans la durée vacillante des jours ?

> la lumière naturelle nous fait voir clairement, que la conservation et la création ne diffèrent qu'au regard de notre façon de penser, et non point en effet. Il faut donc seulement que je m'interroge moi-même, pour savoir si je possède quelque pouvoir et quelque vertu, qui soit capable de faire en sorte que moi qui suis maintenant, sois encore à l'avenir : Car puisque je ne suis rien qu'une chose qui pense [...], si une telle puissance résidait en moi, certes je devrais à tout le moins le penser, et en avoir connaissance ; mais je n'en ressens aucune en moi, et par là, je connais évidemment que je dépends de quelque être différent de moi[1].

Cet être différent qui me conserve dans la durée de l'existence n'est pas simplement « ce que j'appelle Dieu », mais *est* Dieu. Dieu est donc le garant, hors langage, du temps : en lui se conjoignent ce qui me permet à la fois de durer et de sortir du langage.

Car le second problème concerne bien le discours. Descartes se méfie de la place prise par le langage dans le mouvement de la pensée. Il souligne, sans doute, l'aspect linguistique nécessaire par où le *cogito* peut apparaître, mais l'équivalence entre l'énonciation verbale et la conception spiri-

---

1. *Ibid.*, p. 49.

tuelle ne suppose pas une impeccable superposition, car, même dans l'esprit les mots se glissent, le langage interfère, les faux amis se bousculent. À la fin de son examen du morceau de cire, Descartes ne bute pas seulement sur l'obstacle des sens, mais aussi sur le clair-obscur du langage :

> Car encore que sans parler [*tacitus & sine voce*, silencieux et sans parole] je considère tout cela en moi-même, les paroles toutefois m'arrêtent, et je suis presque trompé par les termes du langage ordinaire [*hæreo tamen in verbis ipsis, & fere decipior ab ipso usu loquendi*, je suis toutefois arrêté par les mots, et je suis presque abusé par l'usage même du langage][1].

C'est bien l'usage qui égare et qui trompe (en particulier, dans le cas du morceau de cire, par le mouvement du discours qui replie trop vite la possibilité de voir sur la nécessité de juger : « erreur catégorielle », dirait un philosophe analytique contemporain).

Le langage se trouve là où il ne devrait pas opérer, empiétant sur la seule puissance de penser. Plus encore, le langage se trouve au point de fondement, alors qu'on devrait y découvrir la pensée hors de l'emprise des mots. Descartes reporte alors sur le vulgaire ces mauvaises manières de parler : « Un homme qui tâche d'élever sa connaissance au delà du commun [*vulgus*] doit avoir honte de tirer des occasions de douter des formes et des termes

---

1. *Ibid.*, p. 32.

de parler du vulgaire[1]. » Conformément aux tenants du purisme, le langage est aussi un signe de distinction sociale ; les mauvais usages de la parole sont seuls en cause. Plus profondément, cependant, on voit la position fondamentale qu'en vient à occuper le langage, jusqu'à déployer ses manières dans le silence même de la pensée (c'est encore cet héritage que Maurice Merleau-Ponty prolonge lorsqu'il glisse un *cogito* tacite sous le *cogito* parlé, comme nous l'avons vu dans le chapitre sur la question du style).

L'idée claire et distincte de l'existence doit donc déborder d'elle-même dans le temps pour accéder à l'existence de Dieu et doit résorber en elle ce qui glisse constamment des mots sous les idées. L'immédiateté de la communication angélique n'est atteignable en pensée qu'à condition de prendre ses distances avec la communication rugueuse du vulgaire. Or, Descartes est loin d'intérioriser simplement le modèle de la communication angélique, il loge aussi sa pensée dans les plis de nouveaux rapports à la langue et à l'éloquence et de nouveaux façonnages des figures d'auteur.

LA LANGUE ÉLOQUENTE ET LA FIGURE D'AUTEUR

Il est frappant de le voir utiliser le titre de « Discours » et non de traité. D'apparence moins savante, moins universitaire, on assiste à une multiplication des titres de ce genre dans les années 1630 (*méthode, abrégé, moyen court...*), tous ont des

---

1. *Ibid.*

allures de publicité pour séduire la société mondaine qui a des appétits de savoir mais peu de goût pour l'étude. Si les *Méditations* sont écrites en latin, c'est que Descartes recherche une approbation du monde savant, mais elles seront rapidement traduites (par un mondain justement, le duc de Luynes). Par contre, le *Discours de la méthode* est rédigé directement en français, là encore pour passer plus facilement chez les mondains et les curieux. Sa syntaxe, très articulée, lui permet d'enchaîner les démonstrations de façon particulièrement convaincante pour ce public : plutôt que d'utiliser un langage que l'on dit parataxique (c'est-à-dire qui juxtapose les membres de phrase sans chercher à les articuler logiquement, comme cela se faisait généralement tout au long du Moyen Âge et jusqu'au XVIIe siècle), Descartes ne joue pas sur l'implicite des juxtapositions, mais tâche de rendre explicites les enchaînements. En cela, il se rapproche du purisme malherbien qui ne se contente pas de faire la chasse aux mots vulgaires ou trop spécialisés puisqu'il impose aussi un souci de clarté de la phrase.

Plus généralement, Descartes s'inscrit dans un nouveau rapport à l'éloquence : on assiste, dans les premières décennies du XVIIe siècle, à une certaine « délocalisation » de l'éloquence qui passe d'un lieu savant à des usages littéraires socialement plus variés et à une « dislocation » de la rhétorique[1], dans

---

1. Voir Hélène MERLIN, *Public et littérature en France au XVIIe siècle*, Paris, Les Belles Lettres, 1994, ainsi que Christian Jouhaud, *Les pouvoirs de la littérature : histoire d'un paradoxe*, Paris, Gallimard, 2000.

la mesure où des trois catégories principales (l'invention, qui ouvrait le trésor ancien des idées, des principes et des arguments ; la disposition, qui en réglait l'articulation logique ; l'élocution, qui en façonnait les tournures singulières), la première, qui était la plus importante, puisqu'elle permettait au nouveau de se nouer aux légitimités de l'ancien, apparaît désormais comme secondaire par rapport à la disposition qui en ordonne méthodiquement les apparitions et par rapport à l'élocution qui en « enrobe » (comme dirait Laurent-Michel Vacher) les leçons.

Descartes compte parmi ses amis Jean-Louis Guez de Balzac qui, dans les années 1620, a secoué le monde des lettres, engendrant une querelle sur les usages de l'éloquence qui s'est étendue sur plusieurs années. Les *Lettres* de Guez de Balzac posaient problème car elles mêlaient la grande prose et les badineries galantes, les exposés de haute politique et les anecdotes triviales, tout en faisant de leur auteur le foyer explicite et unique de leur souveraine éloquence.

Ses adversaires le traitaient d'insupportable vaniteux, de flatteur indécent ou de girouette ignorante, mais Descartes n'hésita pas à louer le style de son ami, trouvant même dans ces variations d'écriture le signe de sa valeur aristocratique, à condition que le lecteur accepte de prendre l'*ensemble* des traits (soit dit en passant, juste règle du commentaire d'un auteur que ne respecte pas Vacher) :

On apperçoit neantmoins dans ses écrits une certaine liberté généreuse, qui fait assez voir qu'il n'y a rien qui luy soit plus insuportable que de mentir. [...] Mais qui voudra prendre garde que Monsieur de Balzac declare librement dans ses écrits les vices et les vertus des autres, aussi bien que les siens, ne pourra jamais se persuader qu'il y ait dans un mesme homme des mœurs si differentes, que de découvrir tantost par une liberté malicieuse les fautes d'autruy, & tantost de publier leurs belles actions par une honteuse flaterie ; ou de parler de ses propres infirmitez par une bassesse d'esprit, & de descrire les avantages & les prerogatives de son ame par le desir d'une vaine gloire : Mais il croira bien plustost qu'il ne parle comme il fait de toutes ces choses que par l'amour qu'il porte à la verité, & par une generosité qui luy est naturelle[1].

Pour Descartes, ce n'est donc pas la vanité qui pousse Balzac à se glorifier lui-même, mais la juste reconnaissance de ce qui lui est dû, au même titre qu'il distribue aux autres avec justice et élégance la gloire ou les avanies qui leur reviennent. Guez de Balzac sait allier la vérité d'un trait au charme de sa description.

Reste le problème de savoir ce qui peut assurer Balzac de sa propre rareté : de qui tient-il le pouvoir

_____

1. L'épître latine est donnée dans la *Correspondance* éditée par Adam et Tannery. Je cite la traduction française de l'édition des *Lettres* faite par Clerselier en 1663 et reprise dans l'édition de 1667 : *Lettres de Mr Descartes. Où sont traitées plusieurs belles Questions Touchant la Morale, Physique, Médecine & les Mathematiques,* Paris, Charles Angot, 1667, p. 470-471.

de distribuer ainsi la gloire ? Qui lui a donné souveraineté sur le royaume de l'éloquence ? Personne d'autre que lui-même (et le clan d'amis et d'alliés qu'il a su constituer autour de lui, voire le patron sous la protection duquel il tâche de se mettre : le cardinal de Richelieu). Il y a bien une forme d'auto-position de l'auteur Balzac que l'on va retrouver dans un autre épisode encore plus célèbre : la querelle du *Cid*.

En effet, ce qui envenime les relations entre Corneille et ses confrères et lance la querelle, c'est un vers dans une épître qu'il fait circuler après le succès de la pièce en 1637 : « Je ne dois qu'à moi seul toute ma renommée ». La querelle va déborder rapidement cet élément, mais il est caractéristique que Corneille tente, comme Balzac avant lui, de ne plus reconnaître les dettes, les héritages ou les reconnaissances envers les auteurs anciens ou envers ses confrères actuels. L'auteur devient un foyer de discours, indépendant de toute autorité qui lui serait extérieure, de même que le Descartes qui se met en scène dans le *Discours de la méthode* cherche dans la mise à l'écart de toutes les formes d'autorité l'ordre nécessaire pour que l'évidence claire et distincte du point fixe du *cogito* apparaisse. La revendication de clarté n'a de sens qu'en vertu de cette auto-position du sujet : dans la figure de l'auteur se nouent la production immédiate de soi sur la scène publique et la transparence à soi lorsque toutes les formes d'autorité extérieures ont été (apparemment) évacuées.

Toutes formes d'autorité extérieure? C'est en fait peu probable. Il faut faire la part entre une posture, une mise en scène admissible, reconnaissable, valorisante, et les nécessités de la publication : par en haut, grâce aux institutions du sens, par en bas, au moyen des supports de la communication. Descartes en a été fort conscient : loin de se ramener à ce trait sans épaisseur du *cogito,* il en déplie rigoureusement les implications publiques et construit avec soin ses stratégies d'auteur.

Il faut, d'abord, un privilège. Depuis 1566, c'est obligatoire, mais c'est surtout à partir des années 1620 que la Grande Chancellerie en délivre systématiquement : ils sont alloués généralement pour cinq ans et vont parfois jusqu'à dix ans. Dans trois quarts des cas, en 1636, ils sont alloués aux libraires et non aux auteurs. Or, grâce aux services de son ami Mersenne, qui a des entrées à la Grande Chancellerie, Descartes obtient un privilège de dix ans à son nom et non seulement pour cet ouvrage, mais pour ceux à venir également, ce qui est tout à fait exceptionnel. Descartes commence par se défier d'un privilège aussi favorable en arguant que cela le ferait passer pour un « faiseur de livres » qui attache de l'importance à des autorisations qui ne concernent que l'opération commerciale. Mais, vivement sermonné par Mersenne, il le remercie de lui avoir permis d'obtenir cette marque d'honneur et cette preuve institutionnelle d'autorité, car c'est aussi ce que le public reconnaissait dans l'énoncé d'un privilège. La stratégie de communication de l'auteur commence donc bien avec les reconnaissances institutionnelles et la publicité qui entoure la publication.

Parallèlement au privilège qui concerne le commerce du livre, la censure fait rapport sur le contenu de l'ouvrage. Descartes a toujours été extrêmement prudent avec les censures ecclésiastique et royale, au point de déclarer en avoir, en fait, intériorisé les principes : les censeurs sont moins « rigoureux » qu'il ne l'est pour lui-même (*Méditation VI*). Le sujet cartésien qui semble se retirer dans l'abstraction intellectuelle d'un point d'énonciation n'y parvient qu'à condition d'en organiser soigneusement la réception publique jusqu'en soi-même[1] !

Le public est donc bien présent dans le propos cartésien. Descartes revendique explicitement une publication qui puisse toucher aussi bien les doctes que les curieux, les mondains que les femmes. Ainsi, son écriture, qui adopte un style « moyen » (entre le grand style de l'histoire ou de l'épopée et le style simple de la comédie ou des nouvelles), suit

---

1. Voir Jean-Pierre CAVAILLÉ, « "Le plus éloquent philosophe des derniers temps" : les stratégies d'auteur de René Descartes », *Annales HSS*, n° 2, mars-avril 1994, p. 349-367 ; ainsi que Stéphane VAN DAMME, *Descartes : essai d'une histoire culturelle d'une grandeur philosophique*, Paris, Presses de sciences po, 2002 ; et Nicolas SCHAPIRA, *Un professionnel des lettres au xviie siècle. Valentin Conrart : une histoire sociale*, Seyssel, Champ Vallon, 2003.

les principes qui président à la valorisation de la langue française dans le public mondain : langue de l'honnêteté et de la raison naturelle, langue de la clarté par rapport à l'amphigouri de l'italien ou de l'espagnol. Du salon de Madame de Rambouillet, Chapelain écrivait à Guez de Balzac en 1638 : « on n'y parle point savamment mais on y parle raisonnablement et il n'y a lieu au monde où il n'y ait plus de bon sens et moins de pédanterie[1]. » Le *Discours de la méthode* qui venait d'être publié l'année précédente s'accordait parfaitement avec ce programme mondain : le public le percevait comme un miroir de son propre bon sens (communément partagé dans un certain cercle social…).

Par ailleurs, il ne faut pas oublier que les premières publications des *Méditations* en 1641 et 1642 ne comportaient pas, comme aujourd'hui, le seul texte des six méditations : après les 89 pages des méditations à proprement parler suivaient 258 pages d'objections faites par divers personnages et 377 pages de réponses par Descartes. Le public était bien présent matériellement dans l'espace du livre. Jean-Luc Marion suppose même que les six méditations seraient déjà des réponses : les réponses aux objections formulées contre la métaphysique impliquée par le *Discours de la méthode* de 1637[2].

---

1. Jean CHAPELAIN, *Lettres*. Publiées par Philippe Tamizey de Larroque, Paris, Imprimerie nationale, 1880, t. I, lettre à Balzac du 22 mars 1638, p. 215.

2. Voir Jean-Luc MARION, « Le statut responsorial des *Meditationes* », dans *Questions cartésiennes II*, Paris, Presses Universitaires de France, 1996.

Ce n'était pas du tout hors des habitudes de Descartes, qui avait ses désirs de retraite et de solitude, mais aussi ses usages du monde et son goût de l'intervention publique. Avant le *Discours de la méthode,* il avait pensé faire un livre en réponse à un « méchant ouvrage », en incluant le texte de l'auteur au milieu de ses propres remarques critiques :

> Ayant plusieurs raisons qui me persuadent et qui m'assurent le contraire de ce que vous m'avez mandé être en ce livre, j'osais aussi penser qu'elles le pourraient persuader à quelques autres, et que la vérité, expliquée par un esprit médiocre, devait être plus forte que le mensonge, fût-il maintenu par les plus habiles gens qui fussent au monde[1].

Le public est donc bien une préoccupation constante du propos cartésien. Loin du sentiment d'individualisme forcené que donne sa philosophie, le public y semble au contraire sans cesse présent.

C'est aussi ce que son attention aux supports même de ses publications indique. Il avait l'habitude de demander aux libraires l'impression d'une ou deux dizaines d'exemplaires avec des marges plus grandes qu'à l'habitude afin d'en faire don à ses

---

Voir aussi Jean-Robert ARMOGATHE, « La publication du *Discours* et des *Essais* », dans *Descartes : Il metodo e il saggi*, Enciclopedia Italiana, 1990 ; et Giovanni CRAPULI, « La rédaction et les projets d'édition des *Meditationes de prima philosophia* de Descartes », *Les études philosophiques*, n° 4, 1976, p. 425-441.

1. René DESCARTES, *Œuvres. Correspondance.* Édition préparée par Charles Adam et Paul Tannery, Paris, Vrin, 1974, lettre à Mersenne du 6 mai 1630, p. 149.

amis et connaissances. Les grandes marges devaient leur permettre d'écrire leurs propres commentaires tout à leur aise, comme si Descartes cherchait à allouer à la communication de ses écrits le tour aristocratique d'une conversation de salon. Par ailleurs, alors que tous les livres, à l'époque, sont imprimés sous forme continue sans paragraphes distincts, le *Discours de la méthode* est le premier texte (après l'exemple du *Prince* de son ami Guez de Balzac publié en 1631) à reprendre la méthode de l'alinéa et de la numérotation en marge (seule la Bible était ainsi publiée depuis le XVIe siècle[1]). Descartes, en imposant un découpage analogue à celui de la Bible, joue à deux niveaux : il hausse son texte au statut d'œuvre hors du commun et il se rend plus facilement accessible au public non savant qui va y trouver ainsi plus de « clarté ». Il a donc bien conscience d'une structure d'énonciation mise en valeur par les dispositifs matériels du support : la *disposition* rhétorique n'est pas uniquement une affaire de méthode, mais aussi d'imprimerie.

Par ces quelques exemples pris rapidement, on voit que la clarté cartésienne voile l'ancienne transparence angélique et efface les manières institutionnelles et matérielles qui en autorisent le caractère performatif, mais en révèle du même mouvement les effets et le sens. On ne saurait dire qu'il existe en dessous du texte cartésien ces effets

---

1. Henri-Jean MARTIN, *La naissance du livre moderne (XIVe-XVIIe siècles). Mise en page et mise en texte du livre français*, Paris, Éditions du Cercle de la Librairie, 2000, p. 319-327.

de structure, mais au contraire la clarté cartésienne opère de façon plus évidente parce qu'elle est relayée par ces divers éléments. Il faut un pas de côté pour les apercevoir mêlés aux productions « proprement » philosophiques du *cogito*. Une analyse interne ne suffit pas à en révéler toutes les dimensions, il faut que l'interprétation suive autant la matérialité du langage et des supports, l'institution de l'État, de l'auteur et du public, que les effets rhétoriques et conceptuels. Un texte philosophique ne saurait se résorber à des idées, aussi claires soient-elles, car les idées n'existent pas seules, à jamais indépendantes du langage dans lequel elles prennent forme et des modes de transmission technique et institutionnels qui leur donnent une consistance. Une analyse qui voudrait s'en tenir aux seules idées, soustraites à leurs contextualisations possibles, ressemblerait à un examen d'un circuit électrique par les seuls principes de la mécanique.

Si l'on entend comprendre comment opère un auteur, il faut bien prendre en compte ces multiples enjeux des textes qui nous ont été légués : ils sont l'effet des singularités des lectures comme des effets de situation. La « clarté » ne peut donc jouer comme fin en soi, elle dépend de ses conditions de mise en œuvre. Il n'existe pas *une clarté,* toujours souhaitable, mais *des régimes de clarté,* toujours propices.

L'obsession de la clarté ne vaut pas mieux que le goût de l'obscurité. Celle-ci enfonce dans des profondeurs inassouvissables les paroles les plus quotidiennes ; celle-là prive de leur part d'énigme les phénomènes les plus simples.

CONCLUSION,
OU L'INTELLIGENCE DU CLAIR-OBSCUR

> Julien était extrêmement déconcerté de
> l'état presque désespéré où il avait mis
> ses affaires. Rien cependant ne l'eût plus
> embarrassé que le succès.
>
> STENDHAL

Où se trouvent, en définitive, les symptômes de la « pensée fasciste » : dans la quête du moindre effort, dans le désir d'une clarté absolue et non problématique, dans la police de la pensée et la peur des interprétations, ou bien dans l'obstination d'un travail, dans le désir de parvenir à une intelligence des phénomènes, dans la critique compliquée des interprétations ? Il est probable que Nietzsche aurait vu dans la première position une conception d'« esclave » et dans la seconde la recherche d'une « maîtrise ». Mais il est si facile d'inverser les termes et de faire croire, par paresse intellectuelle, que les fascistes sont ceux qui désirent la véritable maîtrise alors que la pensée fasciste relèverait exemplairement, pour Nietzsche, d'une mentalité d'esclave (de ses illusions, de ses peurs, de ses bêtises).

En croyant produire le crépuscule d'une idole, Laurent-Michel Vacher participe plutôt du crépuscule des intellectuels, au sens où l'on perçoit bien aujourd'hui la fin d'une certaine fonction sociale et d'un certain régime de discours des intellectuels. Il prétend en conserver l'allure démystificatrice et provocante, l'intervention fracassante sur la place publique. Mais il n'en reproduit que la posture, dans une tonalité soumise d'office aux habitudes de l'information et toute prête à venir se loger sur le premier plateau de télévision venu.

LE JOURNALISTE ET L'INTELLECTUEL :
TEMPS ET PERSPECTIVE

L'immanence et la contingence sont devenues le lot du monde moderne. Il faut bien reconnaître que l'univers humain est d'une platitude exemplaire, c'est bien pourquoi il est nécessaire de fabriquer des nœuds d'intensification : l'information et l'intellect. Le mot célèbre du baron Pierre de Coubertin à l'orée de la reproduction moderne des jeux olympiques : « l'important est de participer » eût semblé incompréhensible aux athlètes grecs, car, pour eux, l'important était la victoire dans la mesure où elle constituait une forme parfaite et achevée. Cette phrase est, en fait, symptomatique : le journalisme n'intensifie nos existences qu'en permettant de *participer* aux événements du monde dans une synchronisation générale. Alors que le propre de l'intellectuel devrait plutôt s'inscrire dans la désynchronisation, dans le déphasage avec le monde, dans ce minuscule écart qui permet de prendre un point de vue sur ce qui se passe au lieu d'en épouser la description ou le pathétique.

En effet, le journalisme ne consiste pas seulement à gaver d'informations le premier venu, mais surtout à produire du *pathos* en se fondant sur un design des émotions. Cette production (au sens « littéral » de l'étymologie : ce qui amène jusque devant nos yeux, en face de nous) génère des effets de substance : autant cette ancienne substance révérée par la métaphysique que ces substances que les drogués adorent. Le design des émotions ouvre sur la vertu hypnotique des portraits-robots du monde quotidien que permettent nos médias comme de puissantes machines.

L'intellectuel ne cherche pas l'information synchrone, mais la formation à distance : il impose toujours ce petit décalage qui éloigne immédiatement du monde au moment même où son regard y creuse un abri. Pour lui, les médias ne sont pas les appareils sophistiqués que nous connaissons ; ce sont les hommes eux-mêmes, qui ont chacun puissance de transmettre des expériences, des savoirs, des inquiétudes, des folies, des sensations ou des dégoûts. Le journaliste ne voit dans le passé que des archives pour commémorations ; l'intellectuel cherche, jusque dans ce qui nous sépare irréductiblement du passé, ce qui en demeure transmissible. Ce faisant, il cherche moins le *pathos* que la configuration d'un *ethos* (un rôle, un caractère, un style d'existence et de pensée : une éthique de la vie ordinaire). Cette formation à distance a pour fonction, bien évidemment, de permettre aux individus singuliers de *prendre forme* en s'appropriant héritages et legs.

Il ne faut pas confondre la passivité laborieuse de l'appropriation, qui implique un point de vue soigneusement construit, et une des folies courantes de notre univers : le témoignage. La prolifération galopante des témoins (et d'un désir orchestré de témoigner, dont la Shoah a fourni nombre d'exemples tardifs, douloureux et importants, mais qui ont tendance à engendrer aujourd'hui, en dépit d'eux-mêmes, un besoin social de témoigner de n'importe quoi, de même que la valeur du patrimoine et le devoir de mémoire atteignent maintenant des proportions délirantes à la bourse des émotions). Le témoin s'offre comme un contemporain de ce qui s'est passé, il offre le spectacle d'une impeccable synchronisation (ce qui est, là encore, fausser le modèle des témoins de la Shoah qui, par l'horreur inhumaine des camps de la mort, ne pouvaient justement que se trouver en décalage par rapport à ce qu'ils vivaient). Sa fonction consiste surtout à transmettre la perception hallucinée de cette synchronisation elle-même.

Alors que l'appropriation déphase nécessairement le passé dans le présent parce qu'elle sait que chaque présent est déjà décalé par rapport à lui-même, dédoublé (présent de la perception qui passe et s'enfuit ; présent passé dans la mémoire qui demeure) : elle joue d'une équivocité des temps, de même qu'elle sait combien l'équivocité du langage est un outil et un jeu en même temps qu'un danger et une douleur. L'intellectuel est celui qui goûte et apprécie la figuralité intrinsèque du langage au lieu de s'en lamenter et de tenter de l'ordonner de force dans des phantasmes de littéralité générale. C'est bien ce caractère figural du langage qui l'ouvre à ce qu'il n'est pas.

Le crépuscule des intellectuels ne désigne donc pas simplement la fin annoncée d'un petit groupe d'humains à l'intérieur de sociétés qui n'en ont plus besoin ; il renvoie aussi au clair-obscur dans lequel se déploient les points de vue.

L'intellect participe toujours d'un patient clair-obscur et d'un jeu de dégradés subtils, d'où l'indispensable sens des nuances. La figure sociale de l'intellectuel peut certes disparaître, l'intelligence se recompose ailleurs. Il est possible, en effet, que cette fonction ne puisse plus être la revendication d'une poignée de personnes qui, par leurs études ou par leurs interventions sur la scène publique (ce sont les deux manières de définir l'intellectuel depuis le XIXe siècle), cherchent à comprendre ce qui se passe et à changer la vie, puisque nous sommes entrés dans l'âge de « l'intellect général » (pour reprendre une formule d'un certain Marx).

L'INTELLECT GÉNÉRAL ET LA SOCIÉTÉ DE L'INFORMATION

Afin de « clarifier » mon propos, qu'on me permette une petite digression historique sur cette émergence d'un intellect général. Il sera ainsi possible de comprendre plus aisément ce qu'impliquent aujourd'hui les mutations qui touchent les intellectuels, dont on dit qu'ils ont disparu ou vont disparaître.

Au moment où l'économie occidentale est passée d'une production majoritairement industrielle à une économie de biens et de services dans laquelle le secteur tertiaire et le travail immatériel dominent, chaque individu, en plus de sa force de travail qui lui permet de produire des marchandises, a été conçu comme possédant le capital de son éducation sous la forme intellectuelle de connaissances et de techniques, de savoirs et de savoir-faire. Plutôt que de vendre des produits industriels, il s'agit donc de plus en plus de communiquer des informations et des affects. L'informatisation des sociétés postindustrielles joue simultanément sur le plan technologique des moyens et sur le plan éducatif des contenus : nous sommes gavés de communications.

La modernité industrielle avait développé la production de désirs (désirs de biens toujours nouveaux, biens du désir toujours renouvelés) en même temps que la production de peurs (peurs de perdre ses biens comme de perdre sa vie) : on appelait cela aliénation, versant dysphorique de la sécurité sociale qui n'en est pas la négation, mais la gestion disciplinaire (comme dans l'exemple de Ford envoyant des équipes d'inspecteurs vérifier que ses ouvriers géraient correctement leurs salaires en achetant des biens utiles plutôt qu'en les dépensant à des activités nuisibles pour la santé, comme la boisson ou le bordel). À notre époque, *l'insécurité sociale* (du retrait de l'État-providence aux emplois précaires, aux temps partiels contraints, aux systèmes de santé problématiques et à la banalité de la violence jusque dans les écoles) est l'autre face d'une « libération » du travail pour bon nombre d'employés. Le développement du secteur tertiaire n'est pas seul à en témoigner, on le voit opérer aussi dans le passage du modèle industriel « fordiste », qui spécialise le travailleur dans une fonction unique qui le dépossède de tout investissement et technique personnels, au mode de production « toyotiste », comme disent les économistes, qui recherche des professionnels polyvalents investissant de leurs énergies et de leurs savoirs propres dans leur travail. L'ouvrier vendait, autrefois, sa force de travail comme quelque chose qu'il possédait. L'homme de services doit, aujourd'hui, échanger ce qu'il est.

Même l'échange de communication a ainsi son prix. Possède-t-il pour autant une valeur ? En faisant entrer les valeurs propres des personnes dans l'échange de services ou dans la production industrielle, augmente-t-on les prix des services et des marchandises ou accroît-on la valeur de la relation ? Pouvons-nous vraiment déceler dans l'essor des pratiques de services et du travail immatériel, dans la dissémination des connaissances et de l'affectivité nécessaires à la bonne marche du système de l'information, des manières de libérer les travailleurs de l'aliénation de la production industrielle et les consommateurs du spectacle quantitatif de la marchandise ? L'« ingénierie des relations humaines » permettrait-elle de trouver dans le développement des personnes elles-mêmes les moyens de production d'informations aussi bien que de marchandises ? Il ne faut pas confondre le néo-libéralisme et de nouveaux libertinages.

Le « potentiel » dont parlent, par exemple, Antonio Negri et Michael Hardt, dans leur ambitieux ouvrage *Empire*, existe *en puissance*. Il n'est pas acquis ni joué d'avance. Il ne suffit pas de réseaux informatiques, de nomadismes fonctionnels et de différences moléculaires pour que les monopoles (du genre Microsoft) disparaissent purement et simplement. Que les bureaucraties des États-nations soient traversées par ces nouveaux régimes de communication n'empêche pas les contrôles et les opérations financières d'accroître le gouffre financier entre riches et pauvres (que ce soit dans l'opposition Nord-Sud ou à l'intérieur même des sociétés occidentales). Il faut savoir créer des conditions où le potentiel du travail immatériel permette aux personnes d'augmenter effectivement leurs puissances (ce qui ne signifie pas seulement leurs possessions). La puissance du sujet immédiat tient ainsi à l'usage de soi comme relation. Mais l'émotion voluptueuse (dont parle, par exemple, Pierre Klossowski dans *La monnaie vivante*) ne se ramène pas simplement à l'oubli de soi dans l'instantanéité de la communication (que ce soit dans la vitesse informatique ou dans la communion des *raves*).

Dans ces derniers cas, l'émotion s'inscrit seulement dans le pathétique de la vie postmoderne. Et ce pathétique a sa pathologie correspondante : la perte de l'immédiateté des personnes, puisque ceux qui produisent sont éloignés des marchandises produites et ceux qui communiquent ne connaissent que des hommes standard, des personnes types, des cases socio-psychologiques à cocher, des *portraits-robots* comme Laurent-Michel Vacher sait si bien les dessiner.

Il ne faut donc pas s'égarer sur l'intellect général. Contrairement aux espoirs de Marx, il n'ouvre pas si fréquemment sur les singularités des héritages, des goûts et des jouissances, il n'*augmente* pas souvent ceux qui échangent ce qu'ils sont, car il ne leur permet pas de faire en même temps *usage* d'eux-mêmes et des autres. Le travail immatériel rend, certes, plus immédiate l'inscription de chacun dans ses productions ; il facilite la fluidité des échanges ; il ne libère pas automatiquement de l'aliénation de la marchandise et du prix, ni de la bêtise consensuelle.

Au mieux, le travail immatériel ne se limite pas à la vente de services et d'affects, *il projette du temps dans la matière* – là où le travail productif stockait du temps dans la marchandise. En sortant de la mesure transcendante du temps (selon le processus linéaire de l'avant et de l'après, comme disait déjà Aristote), le plan d'immanence des sociétés modernes échappe, peut-être, à son ultime ancrage transcendantal. Car le temps ainsi projeté dans la matière est un *temps lacunaire, intensif,* épousant les règles des systèmes dynamiques non-linéaires (pour emprunter cette référence aux mathématiciens) et non une temporalité continue, extensive et linéaire que l'on peut aisément réfrigérer dans les marchandises ou dans l'information.

Le rôle des intellectuels ne saurait donc plus être le même dans cette « société du savoir ». Il ne s'agit certainement pas de s'en lamenter. Au contraire, si les formes élitistes de l'intellectuel ont perdu de leur évidence, on ne devrait que s'en féliciter – pour autant que leur disparition ne sonne pas aussi le glas de l'intelligence. Il ne faut donc surtout pas replier cette possible société du savoir sur une société de l'information à grande vitesse. L'éducation est une affaire de lenteur et d'effort, de jouissances et d'usages, non de spectacle synchronisé des connaissances sur le monde. L'enseignement ne ressemble pas à une mine de renseignements ni à un ballet de compétences et la compréhension d'une pensée n'a aucun rapport avec un portrait-robot idéologique.

Tel est ce qui a motivé la mauvaise humeur dont ce livre est issu. Quand on voit une personne dont on ne saurait douter de l'intelligence et du savoir tomber dans les pièges les plus évidents de l'anti-intellectualisme, on se prend à s'interroger sur le monde dans lequel on vit. Par anti-intellectualisme, j'espère que l'on aura compris que je ne renvoie pas au mépris banal pour les professions qui produisent des connaissances plutôt que des marchandises et des services, mais au rejet inconsidéré du travail de l'intellect général. Sans dénier l'utilité de la société de l'information pour la participation au monde, il s'agit de maintenir que la formation seule permet de faire de soi une œuvre, autrement dit de jouir de l'usage de soi dans le rapport aux autres.

La société de l'information est close sur elle-même comme une sempiternelle reproduction de soi ; la société du savoir devrait nous ouvrir au monde, au langage, aux autres, à nous-mêmes justement parce qu'elle décale et écarte sans cesse ce que nous sommes ou croyons être. L'information identifie (à coups de portrait-robot s'il le faut) ; le savoir trouble (il trouble les données que l'on tenait pour évidentes et il nous trouble du même coup). Si l'amour est tant vanté, ce n'est pas qu'il nous conforte et nous rassure, mais qu'il nous inquiète et nous trouble. L'amour de la langue qu'est, au sens strict, la philologie ne nous emplit pas seulement d'érudition, mais surtout de la possibilité offerte de décaler les significations, de faire le pas de côté qui dénote un style de pensée et un art des points de vue.

L'INTELLIGENCE DE LA LECTURE

C'est pourquoi la lecture des auteurs anciens ne peut se faire en les assommant de notre sens des informations. On doit maintenir la présence fragile de ces textes et leur offrir une protection qu'ils rétribuent largement par les troubles heureux dans lesquels ils nous jettent. On s'enrichit soi-même de l'intelligence déployée à lire ces textes.

Il est, certes, toujours possible de ramener une œuvre à son plus bas niveau et d'en dominer tranquillement les sens épars, brisés comme des corps sur un champ de bataille. Mais le commentateur s'intéresse à ce qui vit dans une œuvre, à ce qui remue et trouble les significations ou les valeurs avérées. Le commentateur vient toujours après un texte, à la suite de paroles tenues et conservées ;

mais des textes dont il met en œuvre les problèmes, des paroles parfois trop souvent entendues pour qu'on ne les ait pas oubliées, parfois presque inaudibles et qu'il restitue. Le commentateur n'établit pas d'interprétation souveraine ; il essaye de glisser sa voix dans des discours étrangers, d'obtenir un anonymat propice en aménageant simplement quelques points de vue pour se proportionner aux singularités d'une œuvre. Toute lecture, bien entendu, invente le texte qu'elle déploie ; mais il demeure un sens indispensable de la dette et une autorité reçue plutôt que produite.

En se glissant dans les points de vue accueillants d'un livre, on en déploie les horizons de sens et jusqu'aux conflits potentiels. Cet art des points de vue est essentiel pour l'éducation des jeunes ou de tout un chacun. Le problème aujourd'hui est que l'école ne stimule plus cette élaboration des perspectives, puisque les jeunes ont, paraît-il, leur propre culture avec leurs points de vue bien à eux, acquis d'office (sans qu'on sache comment, ou plutôt en ne le sachant que trop : par un décervelage idéologique qui dresse chacun à la consommation rapide plutôt qu'à l'héritage savouré) et que ce serait faire preuve d'une violence inouïe que de les obliger à en adopter un autre et à les faire entrer dans la logique d'une culture différente.

Au lieu de mettre celui qui déploie les points de vue au centre des perspectives possibles et de faire en sorte qu'il y *accueille* les élèves, la pédagogie qui a mis l'enfant au centre du processus d'enseignement a, du coup, marginalisé celui ou celle qui avait pour tâche de développer chez l'enfant ou l'adolescent les scénarios différenciés du savoir. Non seulement le professeur a-t-il été marginalisé, mais il a même été rejeté du côté des dominants, voire, pour les « humanités », du côté d'une élite intellectuelle dont le vœu démocratique aveuglément répandu avait par avance condamné le sectarisme et la prétention. Tout cela marche de pair, en oubliant l'indispensable dissymétrie entre les connaissances de l'enseignant et celles de l'élève. En croyant condamner la prétention d'une élite intellectuelle à la maîtrise, on a rendu les élèves aussi vides que prétentieux. Comment s'étonner qu'un professeur intelligent puisse adopter soudain le régime familier d'un administrateur de la pensée et ne retenir de la lecture d'un auteur que sa perspective la plus étroite, celle où la violence et la domination reviennent d'autant plus sournoisement ?

On pourrait, en effet, définir deux manières de lire un texte, un être, une situation : une lecture qui entend ramener ce texte, cet être, cette situation à ce qu'ils ne sont pas, soit par manque de complexité interne, soit par surcharge d'éléments extérieurs qui les informeraient, cette lecture-là domine entièrement son sujet, elle en maîtrise l'étroite dimension au sein de l'ensemble des discours, des existences et des événements (Laurent-Michel Vacher en propose un exemple) ; l'autre lecture voudrait surtout ne pas réduire texte, vie ou situation, elle les prend donc dans toute leur richesse, qu'elle soit dans leur logique interne ou dans leur portée extérieure (l'une ne faisant, d'ailleurs, qu'ajouter à l'autre), cette lecture-ci revendique son statut mineur, sa modestie, elle se proportionne à ce qu'elle lit. L'invention fait partie de ce sens de la proportion par rapport à ce qui est lu.

Une lecture est toujours un échange. Tantôt, le lecteur produit en ce qu'il lit son lot de contradictions et de faiblesses et l'exploite à son profit. Tantôt, le lecteur reconnaît en ce qu'il lit des richesses qui l'endettent et qu'il doit tâcher de rendre par sa lecture. Le commentateur est un lecteur qui a reçu tant de plaisir d'une œuvre qu'il ne suffit pas à le contenir, un lecteur qui a senti la nécessité impérative de s'enrichir encore en donnant à d'autres certains accès à ce plaisir. C'est pourquoi je n'ai jamais cru à la possibilité (même pour des fins provisoirement heuristiques ou dignement épistémologiques) de mettre entre parenthèses l'esthétique. Un lecteur qui ne témoigne pas, même minimalement, du frémissement généré, même modeste, par une œuvre, en rate une dimension importante.

Comment exprimer et expliquer ce plaisir ? Comment comprendre ce qui, dans le fonctionnement d'un texte, génère un tel effet sur nous ? Il n'existe guère que deux moyens d'en parler : d'une part, reproduire le texte lui-même, soit dans sa littéralité (ce que fit si bien Pierre Ménard pour le *Don Quichotte*), soit dans ses variations (le génie pour Kant suscite et appelle un autre génie à reconduire et prolonger son œuvre, ce que Harold Bloom reprend sous la figure freudienne d'une *anxiety of influence*) ; d'autre part, à réfléchir le texte : effet de miroir autant qu'effet de conceptualisation. Puisque l'expérience de Ménard ne peut facilement être répétée et que le génie littéraire n'est pas aussi répandu que le bon sens, la réflexion est ce qui reste au lecteur ordinaire. Quelle réflexion ? Prenons le détour d'un apologue que nous fournit Pline l'ancien.

Dans l'ancienne Grèce, proche encore des origines de la peinture, Zeuxis entra en compétition avec son confrère Parrhésios. Il peignit des raisins si parfaits que les oiseaux voulurent les picorer. Parrhésios l'invita alors chez lui pour contempler ce qu'il avait peint. Zeuxis, plein d'une victoire qu'il pensait acquise, lui demanda de soulever enfin le rideau qui voilait sa fresque. Mais il n'y avait rien à soulever, car Parrhésios avait peint un rideau si exact que même l'œil d'un artiste comme Zeuxis s'y était trompé.

Ainsi l'œuvre qui nous procure du plaisir opère à l'évidence comme une illusion, mais sans proposer quoi que ce soit derrière l'évidence affective des sens. La lecture ne se propose pas de retrouver ce qui se passerait derrière l'œuvre, c'est un écran sur lequel l'œuvre elle-même se projette, se donne à contempler dans son absence admirable de profondeur, toute pleine du champ ouvert de ses coulisses.

Que l'on puisse éprouver une jouissance de cette illusion de profondeur n'empêche pas que la tâche du commentateur soit aussi d'en déchiffrer les manières. Comment ? Puisons dans un deuxième apologue.

Un calife demanda à deux immenses artistes, l'un d'Orient, l'autre d'Occident de venir peindre les deux grands murs de la plus belle salle de son palais. On jugerait ainsi de la plus belle des fresques. Le peintre chinois sortait pour la première fois de sa région où il n'avait jamais fait que des jardins, mais des jardins éblouissants. Le peintre grec avait voyagé dans le monde entier et était reconnu aussi pour un savant et un lettré. Le calife leur donna trois mois pour réaliser leur fresque et fit installer un rideau qui séparait la salle en deux. Au bout des trois mois, la cour tout entière, dans ses plus riches atours accompagna le souverain afin de juger du vainqueur. Le peintre chinois suscita l'admiration générale : son jardin semblait un paradis sur terre et rien de tel n'avait jamais été peint. Chacun lui donnait déjà sa voix, mais, dans sa justice, le calife demanda que l'on tire le rideau et que l'on dévoile l'œuvre du Grec. Celui-ci n'avait rien peint. Il avait seulement installé un miroir du plancher jusqu'au plafond et d'un mur à l'autre où se reflétaient non seulement le jardin paradisiaque et désert du Chinois, mais aussi la cour dans ses plus riches atours accompagnant le souverain extasié. « Et tous ces gens bougeaient, gesticulaient et se reconnaissaient avec ravissement[1]. »

Le lecteur est, dans le texte, comme en face de ce paradis où il est plongé ; il devient commentateur lorsqu'il se voit regarder l'œuvre sans cesser de

1. Michel TOURNIER, « La légende de la peinture », dans *Le médianoche amoureux,* Paris, Gallimard, 1989, p. 298.

s'y trouver, faisant écran et ornementant, tout à la fois, l'œuvre de ses propres gestes et du ravissement de se reconnaître en paradis. Il ne s'agit donc en rien de voir un texte à travers une grille de lecture, mais de bâtir l'écran nécessaire à la projection du texte afin de le rendre visible et de déployer dans les gestes mêmes d'admiration ou d'étonnement les qualités intrinsèques de l'œuvre.

La théorie ou la critique consistent ainsi à savoir différer – autrement dit, temporaliser et pas seulement temporiser – le plaisir sensible de la lecture au profit du plaisir de l'intelligible. Mais ce différement, qui suppose bien une différence des deux régimes, n'entraîne pas de distinction radicale, quasi ontologique : du sensible à l'intelligible, le passage est incessant. Pour le dire dans des termes temporels justement, l'intelligible n'est jamais que du sensible extraordinairement contracté. La lecture critique ou théorique ne prend pas de vitesse l'œuvre, elle en ralentit seulement l'explosion jusqu'à sembler l'immobiliser presque. À mes yeux, tout l'intérêt de l'enquête historique tient justement à ce ralentissement des situations par où les singularités émergent comme les nuances infimes d'un ciel dans un puzzle.

Jean-Paul Goux, dans une enquête tout à la fois d'historien et de romancier sur la mémoire ouvrière, parle avec une discrète éloquence de cette confrontation avec une vie (il en irait de même avec une œuvre) :

Il m'attend, assis sur le seuil de sa maison Japy [appartenant à la cité ouvrière dépendante de la maison Japy], il se lève quand il me voit, me fait entrer dans la cuisine qui prend tout de suite à gauche, et on s'assied de part et d'autre de la table blanche. J'ai demandé à Georges Parisot de me raconter sa vie, sans plus de précision et sans relancer par des questions un récit qui de moment en moment semble s'épuiser : longs temps de silence qu'il ponctue en renouvelant l'interrogation sceptique qu'il a formulée dès le début : « Je n'ai rien de bien intéressant à vous dire, vous savez ! Je ne suis pas un as ! Vous feriez mieux d'aller voir Untel ou Untel, ils savent beaucoup de choses, eux. Je ne vois pas bien ce que vous pourrez tirer de ce que je vous raconte. » Je ne sais plus, monsieur Parisot, je ne sais plus ce que je pourrais tirer de ce que vous m'avez raconté. Votre vie n'est pas une stèle indéchiffrable, c'est la pièce d'un puzzle dont le dessin m'échappe. J'ai cru naguère apercevoir la forme de ce puzzle, quand je rêvais d'un grand récit aux voix nombreuses : vous auriez tenu votre partie dans cette polyphonie. Je vous ai entendu après tant d'autres, et j'accumule ces histoires minuscules sans pouvoir imaginer les liens nécessaires qui les réuniraient dans une histoire véritable. Si vous m'avez malgré tout parlé, si vous avez accepté de me raconter ce qui vous semblait tellement moins intéressant que les histoires de tel et tel, c'est qu'au fond vous étiez convaincu que j'allais extraire de votre récit ce quelque chose d'essentiel que vous ne vous sentiez pas capable de découvrir par vous-même : eh bien ! je n'en sais rien, monsieur Parisot, je n'en sais pas plus que vous sur cette chose essentielle que vous m'avez confiée entre de longs silences. Et je tremble, en vous écoutant, parce que je me tiens devant votre récit comme vous vous tenez devant votre vie : sans savoir ni maîtrise – cet art de mettre en valeur ce qui est sans valeur reconnue[1].

L'enquêteur ou le lecteur d'une existence n'en est pas le déchiffreur, il est celui qui, en effet, parvient à mettre en valeur, non pas l'essence secrète d'une vie, mais ses moments inessentiels. Le tremblement du sens vient justement du fait qu'il n'existe pas de position privilégiée : celle de l'intellectuel (au sens ancien d'une élite éduquée dans les affaires conceptuelles) ne vaut pas *a priori* mieux que celle de l'ouvrier qui a toute sa vie travaillé dans l'usine Japy. Par contre, il est possible de faire travailler l'intelligence de chacun pour qu'il devienne à même de repérer les puissances potentielles, les intensités singulières de ces moments inessentiels.

Si l'on entend y contribuer, on doit soi-même, non démolir les stèles inutiles qui s'effondreront bien d'elles-mêmes, mais se mettre à l'écoute de l'intelligence d'une vie ou de la complexité d'une œuvre. La durée d'une existence humaine est si brève, pourquoi en dilapider les instants à détruire les autres (dans l'illusion de se construire soi-

---

1. Jean-Paul GOUX, *Mémoires de l'enclave,* Arles, Actes Sud, 2003, p. 31-32.

même) ? C'est ainsi que ce texte ne cherchait pas à ruiner les prétentions de Laurent-Michel Vacher, mais à en faire voir les implications et les problèmes. Ces problèmes sont eux-mêmes assez stimulants pour exercer l'intellect.

On pourrait même suggérer que ce lien intime de l'intellectuel et du lecteur prenne la forme d'un mot-valise, un mot qui souligne ce clair-obscur qui le caractérise : l'intellecteur. Dans notre monde saturé d'images, frappé d'une consommation effrénée d'informations, abîmé dans tant de choses qui paraissent essentielles, l'intellecteur apporterait la même différence que, dans un jeu de cartes, celle, presque toujours bienvenue, du *joker*.

Juin-juillet 2004

TABLE DES MATIÈRES

Composition et infographie : Isabelle Tousignant
Conception graphique : Caron et Gosselin, communication graphique

Diffusion pour le Canada : Gallimard ltée
3700A, boulevard Saint-Laurent, Montréal (Qc), H2X 2V4
Téléphone : (514) 499-0072 Télécopieur : (514) 499-0851
Distribution : SOCADIS

Éditions Nota bene
1230, boul. René-Lévesque Ouest
Québec (Qc), G1S 1W2
mél : nbe@videotron.ca
site : http://www.notabene.ca